O GUIA DO NOVO GERENTE PARA
BRILHAR DESDE O PRIMEIRO DIA

**SURPREENDA-SE
E VIRE O LIVRO**

# De repente, no comando!

Aprenda a trazer melhores resultados como gerente e como subordinado

ROBERTA CHINSKY MATUSON

Tradução
Thereza Ferreira Fonseca

ELSEVIER

CAMPUS

Do original: *Suddenly in Charge*
Tradução autorizada do idioma inglês da edição publicada por Nicholas Brealey Publishing
Copyright © 2011, by Roberta Chinsky Matuson

© 2011, Elsevier Editora Ltda.

Todos os direitos reservados e protegidos pela Lei nº 9.610, de 19/02/1998.
Nenhuma parte deste livro, sem autorização prévia por escrito da editora, poderá ser reproduzida ou transmitida sejam quais forem os meios empregados: eletrônicos, mecânicos, fotográficos, gravação ou quaisquer outros.

*Copidesque:* Ivone Teixeira
*Revisão:* Jayme Teotônio Borges Luiz e Cynthia Gaudard
*Editoração Eletrônica:* Estúdio Castellani

Elsevier Editora Ltda.
Conhecimento sem Fronteiras
Rua Sete de Setembro, 111 – 16º andar
20050-006 – Centro – Rio de Janeiro – RJ – Brasil

Rua Quintana, 753 – 8º andar
04569-011 – Brooklin – São Paulo – SP – Brasil

Serviço de Atendimento ao Cliente
0800-0265340
sac@elsevier.com.br

ISBN 978-85-352-4771-8
Edição original: ISBN: 978-1-85788-561-3

**Nota:** Muito zelo e técnica foram empregados na edição desta obra. No entanto, podem ocorrer erros de digitação, impressão ou dúvida conceitual. Em qualquer das hipóteses, solicitamos a comunicação ao nosso Serviço de Atendimento ao Cliente, para que possamos esclarecer ou encaminhar a questão.

Nem a editora nem o autor assumem qualquer responsabilidade por eventuais danos ou perdas a pessoas ou bens, originados do uso desta publicação.

CIP-Brasil. Catalogação-na-fonte
Sindicato Nacional dos Editores de Livros, RJ

M397d    Matuson, Roberta Chinsky
         De repente, no comando! : aprenda a trazer melhores resultados como gerente e como subordinardo / Roberta Chinsky Matuson ; tradução Thereza Ferreira Fonseca. – Rio de Janeiro : Elsevier, 2011.
         23 cm

         Tradução de: Suddenly in charge
         ISBN 978-85-352-4771-8

         1. Profissões – Desenvolvimento. 2. Liderança. I. Título.

11-3933.                                                          CDD: 650.14
                                                              CDU: 331.548

Preencha a **ficha de cadastro** no final deste livro
e receba gratuitamente informações
sobre os lançamentos e as promoções da Elsevier.

Consulte também nosso catálogo completo,
últimos lançamentos e serviços exclusivos no site
www.elsevier.com.br

# Como ler este livro

> Depois de dominar a arte de **gerenciar para cima** vire o livro e comece a trabalhar as habilidades necessárias para realizar com êxito o **gerenciar para baixo**.

Antes de começarmos, vamos deixar algo bem claro. *Gerenciar para cima* não consiste em bajular nem em se tornar o preferido do chefe. Consiste em aprender a trabalhar dentro dos limites da empresa para conseguir o que você precisa, enquanto ajuda seu superior e a organização a cumprirem seus objetivos.

*Gerenciar para cima* é uma habilidade que pode ser desenvolvida através de prática. Entretanto, como muitas coisas na vida, quando você acha que decidiu o assunto, as circunstâncias mudam. Por exemplo, você pode finalmente ter descoberto a melhor maneira de gerenciar seu superior pouco antes de um novo chefe lhe ser designado. Ou você pode ter dominado o jogo das políticas da empresa para, em seguida, descobrir que a diretoria foi trocada e você precisa começar tudo novamente.

Faz mais de 25 anos que comecei a praticar essa habilidade e ainda consulto os livros que usava quando comecei a aperfeiçoar meu trabalho. Espero que você faça o mesmo com este livro. Leia-o, pratique e, quando terminar, coloque-o em sua estante, para que possa consultá-lo quando mais precisar. Envie-me um e-mail (Roberta@yourhexperts.com) contando como sua vida melhorou radicalmente em consequência deste livro. Agora vamos começar.

*Este livro é dedicado a meu marido, Ron, que sempre acreditou que dentro de mim havia um livro, e a meus filhos Zachary e Alexis, que espero e peço que usem este livro para se orientarem ao longo de suas carreiras. E aos meus pais e irmãos, que sempre me incentivaram a sonhar grande.*

# Sumário

| | |
|---|---|
| **Como ler este livro** | iii |
| **Agradecimentos** | ix |
| **Prefácio** | xi |
| **Introdução** | xv |

CAPÍTULO 1
**Com licença, onde encontro o anel decodificador?** 1
*Compreendendo o estilo de gestão de seu chefe* 1
    Por que entender o estilo de gestão de seu chefe é tão importante 2
    Decifrando o código: como entender o estilo de gestão de seu chefe 3
    Tipos comuns de gerentes 5
    São necessários dois para fazer um relacionamento dar certo: como a autopercepção entra na jogada 10
    A necessidade de manutenção contínua 10

CAPÍTULO 2
**Política no escritório** 15
*Você entrou no jogo, então jogue!* 15
    Sim, a vida é injusta: como o trabalho é realmente feito na empresa 16
    Dois tipos de poder 17
    Jogos políticos: como evitar o xeque-mate 17
    Descubra quem está *realmente* no comando 19
    Batata quente: como evitar se queimar no trabalho 20

## CAPÍTULO 3
## Socorro! Meu chefe é jovem o suficiente para ser meu filho 27
*Estratégias para gerenciar um chefe mais jovem* 27
    Dê uma chance ao seu chefe 28
    Procure o meio-termo 29
    Reconheça as diferenças e siga em frente 31
    Ajuste seu vocabulário 31
    Seja um funcionário, não um pai 32
    Supere as diferenças de comunicação 33
    Jogue para vencer 33
    Bom humor é de grande auxílio 35
    Vista a camisa ou pegue um caminho diferente 35

## CAPÍTULO 4
## Trabalhando com um mau chefe 39
*Existe um em qualquer grupo* 39
    Versões diferentes do mesmo tema 40
    Escolhendo suas armas com cuidado – estratégias para ajudá-lo a sobreviver a um chefe detestável 44
    O que fazer quando todo o restante falha 45
    Como não seguir o exemplo de seu abominável chefe 46

## CAPÍTULO 5
## Vanglorie-se, para que possa ser ouvido num mar de cubículos 51
    Por que apenas o seu desempenho não o conduzirá ao topo 52
    Tocando em harmonia 52
    Alguns mitos comuns sobre autopromoção 53
    Autopromoção negativa *versus* autopromoção positiva (existe uma diferença) 55
    Tornando-se uma pessoa interessante 56
    Cinco maneiras de se vangloriar para que seu trabalho seja notado 57

## CAPÍTULO 6
## Por favor, senhor, posso ganhar mais? — 65
*Como pedir aumento e conseguir* — 65
- Avaliações anuais não são mais anuais? — 66
- O que você precisa fazer antes de pedir um aumento — 67
- Planejando a conversa — 70
- *Timing* é tudo: as melhores ocasiões para pedir aumento — 70
- Atitude — 71
- Dinheiro não é tudo: como melhorar seu padrão de vida sem custar um centavo ao seu chefe — 71
- O que não fazer — 73

## CAPÍTULO 7
## Espelho, espelho meu — 79
*Permanecer fiel a si mesmo* — 79
- Nem tudo que reluz é ouro – situações difíceis que os gerentes enfrentam — 80
- Permanecer realista — 85

## CAPÍTULO 8
## Sete sinais de que seu tempo se esgotou — 89
*Saber quando é hora de partir* — 89
- Sete sinais de que seu tempo se esgotou — 89
- Sair com dignidade – e talvez com um cheque nas mãos — 94
- Conseguir referências antes de precisar delas — 95
- Por que alguns gerentes tornam-se rudes quando você pede demissão — 95
- Outras coisas para pensar antes de sair — 96
- Você deve se demitir antes de ser dispensado? — 97

# Agradecimentos

Quero agradecer à minha agente, Linda Konner, que me disse "não" quando eu não queria ouvir e "sim" quando percebeu que eu tinha um livro digno de ser escrito. Quero agradecer à minha diretora editorial, Erika Heilman, por ter ficado tão empolgada com este livro como eu, à minha editora geral, Jennifer Olsen, e a toda a equipe da Nicholas Brealey Publishing, que executou com sucesso, sem nunca perder o equilíbrio, minha ideia desvairada de virar o livro ao contrário para ler a segunda parte. Um agradecimento especial a Gary Stern, que abriu seu Rolodex quando mais precisei dele, e à minha querida colega Gail Finger, que cortesmente editou meu projeto e sempre me incentivou ao longo dos anos e durante esse processo.

Meu profundo agradecimento a meu mentor, Alan Weiss, que sempre me ofereceu orientação e apoio em minha prática de consultoria. Seu estímulo para meu constante aperfeiçoamento e seus alertas para meu retorno à realidade mantiveram-me com os pés no chão e avançando.

Eu também gostaria de agradecer a todos que, de bom grado, contaram suas histórias de como foi quando se viram repentinamente no comando, e aos executivos que se dispuseram a oferecer um raro vislumbre do que se passa na mente de empresários e líderes seniores.

Finalmente, quero pedir desculpas àqueles que foram meus primeiros subordinados diretos, quando repentinamente assumi o comando. Como podem ver, as lições que vocês me ensinaram sempre permaneceram comigo.

# Prefácio

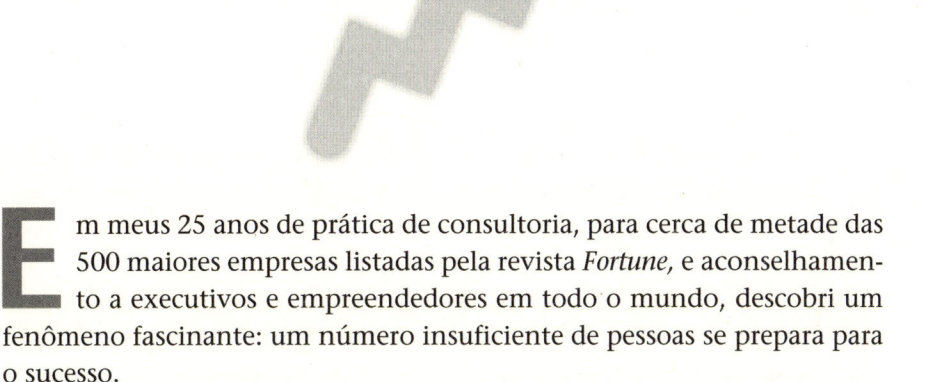

Em meus 25 anos de prática de consultoria, para cerca de metade das 500 maiores empresas listadas pela revista *Fortune*, e aconselhamento a executivos e empreendedores em todo o mundo, descobri um fenômeno fascinante: um número insuficiente de pessoas se prepara para o sucesso.

Elas se preparam para o fracasso, decepção, atraso e até cataclismas, mas não necessariamente para as bênçãos e oportunidades que ocorrem regularmente na vida e no trabalho. Donde minha atração pelo trabalho de Roberta Matuson e sua abordagem diferente da gestão para cima e para baixo. A intenção deste livro é deixar o leitor tonto. Bem a propósito!

A volatilidade no local de trabalho não é mania passageira, tendência temporária ou aspecto singular de economias imprevisíveis. É o novo normal. Quando observar sua carreira – não apenas seu "trabalho" nem unicamente seu "cargo" –, deve considerar uma visão de 360 graus porque, em dado momento, você poderá ser repentinamente atirado em uma outra parte desse universo. Você pode tanto perder o rumo quanto surgir preparado e pronto para novas responsabilidades e relacionamentos divergentes.

Os relacionamentos mudam com base em justaposições. O companheiro de almoço de ontem pode ser o assistente de confiança de amanhã ou um niilista incômodo. A Terra não é plana e tampouco seu universo profissional ou empresarial. Translação, rotação e revolução ocorrem relativamente aos demais, mas seu alinhamento e realinhamento não estão sujeitos às leis imutáveis da natureza, da física quântica ou da "matéria negra". Eles dependem de sua própria preparação e responsabilidade dinâmica por novas situações e relacionamentos. Ao contrário do que acontece no universo, não é incomum que corpos organizacionais, movendo-se rapidamente, colidam e se incinerem. Infelizmente, é algo que vemos acontecer rotineiramente.

Roberta, de maneira inteligente, divide sua orientação em "gerenciar para baixo" e "gerenciar para cima". Dessa forma, ela fornece perspectivas únicas "de ambos os lados da mesa", em áreas como política empresarial, prática de influência, credibilidade, confiança, motivação, dinâmica no ambiente de trabalho, avaliações de desempenho e tomada de decisões difíceis. O seu inovador "espelho duplo" lhe permite observar tanto o trabalho do ator no palco quanto o do diretor nos bastidores.

A obra fundamental de Warren Bennis, *The Unconscious Conspiracy: Why Leaders Can't Lead*, teve como base seu próprio cargo de líder em uma grande universidade, suas expectativas não correspondidas, dramas imprevistos e teorias que não surtiram efeito. Um conjunto mais sólido de trabalhos sobre liderança surgiu desse cadinho.

Aqui, Roberta usa sua carreira em empresas e como consultora para oferecer observações e análises hábeis que abrilhantam suas próprias contribuições. Ela fala sobre seu próprio estilo de liderança e usa analogias apropriadas sobre casamento e terapia (ou isso é desnecessário?). O leitor não escapa à sensação de ter sido convidado para bater papo com os atores atrás das cortinas, inspecionar o cenário, avaliar a equipe técnica – e ainda assistir aos erros ou improvisações inevitáveis que ocorrem durante o espetáculo.

Este livro ajudará você a se ajustar rapidamente às inexoráveis mudanças sísmicas que afetarão sua carreira. Eis alguns pontos aos quais deverá estar especialmente atento:

- Normalmente, a promoção não é resultado de cuidadoso planejamento de sucessão e extensa preparação, mas é frequentemente traumática e assustadora.
- Os dois primeiros meses, como os primeiros minutos de um discurso, são extremamente importantes porque determinarão até que ponto as pessoas ficarão atentas ao que está sendo dito.
- O comprometimento sempre prevalece sobre a complacência, e o empenho ajudará a garantir o comprometimento.
- Você deve contratar e recompensar o talento, porque habilidades e conteúdo sempre podem ser adquiridos. No entanto, é difícil para qualquer um adquirir entusiasmo e motivação se esses estados de ânimo já não estiverem presentes.

- A confiança é o entreposto da credibilidade. E você constrói a confiança em duas direções.
- Faixas etárias constituem uma força de mudança legítima no ambiente de trabalho, mas não justificam que algumas pessoas ajam como "pais" lidando com "filhos".
- Nem todos os relacionamentos merecem ser conservados, mas você precisa estar absolutamente certo de quais são uns e quais são outros.

Este livro está repleto desse tipo de recomendações poderosas, utilitárias e energizantes.

Minha experiência pessoal é que profissionais que são alçados a cargos de liderança, em particular, não compreendem o suficiente que a liderança consiste em tomar as decisões mais difíceis e não em agradar a todos (até eles mesmos) nem em ser "salvadores". Quando ouço que um novo gerente declara "Isto não pode acontecer sob minha supervisão", sei que o indivíduo está negando a realidade e evitando responsabilidades desagradáveis.

Você lerá neste livro por que e como tomar decisões difíceis, sacrificar popularidade por prudência, evitar políticas de produtividade, recompensar desempenho e não pessimismo. A parte mais difícil de ser alçado à liderança ou de trabalhar para um colega, agora na posição de líder, é manter os aspectos positivos do relacionamento anterior e livrar-se daqueles que agora são inadequados. Roberta é uma guia magnífica para ajudá-lo a navegar por esses mares tempestuosos e instáveis.

Em um dos capítulos você encontrará uma parte chamada "Com o devido respeito". O que descobri na vida, e que fielmente registrei neste trabalho, é que a assunção e a sustentação do respeito é uma necessidade mútua, não dependente da hierarquia, do tamanho da sala ou dos títulos no cartão de visita. Roberta trata ligeiramente de alguns problemas mais bem enfrentados com essa perspectiva, mas sempre com reverência pelo indivíduo, quer superior quer subordinado. Basicamente, se eu fosse destilar sua mensagem em uma frase, por mais injusto que seja, eu diria: "Você não pode respeitar os outros sem respeitar a si próprio."

Só se lida bem com mudanças hierárquicas e relacionais bruscas se existir esse tipo de respeito. Este livro o ajuda a evitar a arrogância daqueles que foram rapidamente promovidos e o desapontamento dos que aparentemente foram esquecidos. Ele gera perspectiva, sempre se apoiando no respeito mútuo, o que é raro nos atuais livros de negócios, mas tão imprescindível nas empresas modernas.

Quer leia este livro da frente para trás ou de trás para a frente, quer seja o novo chefe ou o novo subordinado, você será melhor no que faz e, em consequência, sentirá que progrediu – não importa o que consta de seu cartão de visita.

Alan Weiss, PhD
Autor de *Million Dollar Consulting* e *Thrive!*
Presidente, Summit Consulting Group, Inc.

# Introdução

Você pode estar se perguntando por que escolhemos iniciar este livro com a gestão para cima, pois muitos ainda podem estar tentando descobrir o que exatamente sua nova função gerencial acarreta. A razão é a seguinte: se você não entender *rapidamente* como gerenciar para cima, não precisará se preocupar com o gerenciar para baixo.

Pode parecer anormal gerenciar seus superiores no mundo empresarial de cima para baixo. Mas dominar essa habilidade é *exatamente* o que você deve fazer, se for atualmente um empreendedor ou se acha que o será algum dia. Sempre haverá alguém acima de você influenciando o que você faz. Essa pessoa pode ser seu cônjuge, seu sócio, um investidor externo ou pode mesmo ser seu chefe. É crucial administrar esses relacionamentos eficazmente, a fim de que possa conseguir os recursos de que precisa para ter êxito em qualquer situação.

Um dos segredos de gerenciar para cima é não deixar isso transparecer. A única maneira de fazer isso é ser autêntico. Se uma sugestão deste livro não for adequada para você, então a adapte até que sinta que pode usá-la diariamente. Desafie-se a melhorar todos os dias e, quando menos esperar, já será bem-sucedido em todos os aspectos.

*Aprendi ao longo dos anos que você tem de adaptar seu estilo ao seu chefe e ao ambiente em que trabalha. Apesar de estar na gerência há mais de 15 anos, continuo aprendendo a fazer isso diariamente e espero continuar até o dia em que me aposentar.*

Sherry Walshak
*Gerente de Marketing*
*Worldwide Solutions and Industries, Hewlett Packard*

CAPÍTULO **1**

# Com licença, onde encontro o anel decodificador?

## Compreendendo o estilo de gestão de seu chefe

Como tenho saudade dos anos sessenta! Naquela época, você recebia um anel decodificador grátis em caixas de cereais finos. Não sei dizer com certeza se o anel realmente funcionava, pois eu não tinha permissão para me distanciar muito das quatro paredes da sala de brinquedos. Mas, para uma criança pequena, havia algo de mágico naquele anel. Quando você o colocava, parece que podia decodificar qualquer coisa. Houve, muitas vezes, em minha carreira de gerente que desejei ter guardado aquele anel. Talvez tivesse sido mais fácil para entender o modo de ser de meu chefe.

Hoje sou um pouco mais velha e obrigada a viver no mundo real, onde os anéis decodificadores são coisa do passado. Ou não são? Considere este capítulo uma versão moderna de um anel decodificador: leia-o com atenção para desvendar os segredos ocultos do estilo de gestão de seu chefe. Como resultado, você será capaz de ajustar suas expectativas e estilo de comunicação, de modo a alcançar uma coexistência próspera e pacífica com uma das pessoas mais importantes de sua vida – seu chefe.

## Por que entender o estilo de gestão de seu chefe é tão importante

O famoso visionário da administração, Peter Drucker, autor de *The Practice of Management*, escreveu: "Você não precisa gostar de seu chefe, admirá-lo ou detestá-lo. Entretanto, você tem de gerenciá-lo, para que ele se torne seu meio de realização e sucesso pessoal." Embora Drucker tenha escrito esse livro em 1954, suas palavras são atemporais. Essa afirmação é especialmente relevante para os trabalhadores atuais, visto que as pessoas lutam por menos oportunidades, resultado do downsizing que ocorreu nos últimos anos.

O seu sucesso na empresa depende inteiramente de como você administra o relacionamento com o seu superior. Seu chefe tem os códigos para abrir portas que permanecerão fechadas se você não cultivar esse relacionamento. Ele é quem pode falar a seu favor para obter mais recursos. Ele pode ter um papel essencial para ligá-lo a pessoas importantes de toda a empresa e também pode assegurar que lhe sejam atribuídos projetos que promoverão seu crescimento contínuo. E, obviamente, é ele quem pode defender seus interesses e assegurar que você seja remunerado adequadamente por um trabalho benfeito.

Você é responsável pelo progresso e pela manutenção do relacionamento com o seu chefe. Ninguém mais do que você está interessado em garantir que esse relacionamento o ajude a atingir seus objetivos. Talvez você pense que seja tão imprescindível para o sucesso de seu chefe como ele é para o seu, e isso em parte é verdade. Contudo, seu superior provavelmente tem outros subordinados diretos com quem pode contar, enquanto é quase certo que você tem um único chefe. Certamente você não progredirá ou continuará empregado sem o apoio de seu gerente.

Em *Power and Influence: Beyond Formal Authority*, John Kotter escreve que desenvolver e manter relacionamentos eficazes com superiores envolve quatro passos básicos. São eles:

1. Obtenha o máximo possível de informações detalhadas sobre objetivos, pontos fortes, pontos fracos e estilo preferido de trabalho de seu chefe, bem como sobre as pressões que ele sofre.
2. Faça uma autoavaliação honesta de suas próprias necessidades, objetivos, forças, fraquezas e estilo pessoal.
3. Munido dessas informações, desenvolva um relacionamento compatível com o estilo e as principais necessidades das duas partes, e no qual você e seu chefe entendam o que se espera de ambos.

4. Conserve o relacionamento mantendo o superior informado, comportando-se de maneira leal e honesta, e usando o tempo do chefe e outros recursos seletivamente.

Os céticos e as pessoas que não têm bom-senso podem presumir que o único motivo de os funcionários se esforçarem para cultivar um relacionamento profissional sólido com seus chefes é para benefício político. A realidade é que as pessoas trabalham em organizações complexas onde seus chefes são puxados em várias direções. Para conseguir a atenção e o apoio necessários para ter êxito em seu papel de líder, você precisará assumir a responsabilidade de administrar esses relacionamentos.

## Decifrando o código: como entender o estilo de gestão de seu chefe

O problema com chefes é que não há dois iguais. Quando você consegue descobrir do que o seu precisa, você é promovido. Isto é, você é promovido se fez um bom trabalho ao gerenciar seu chefe. Caso contrário, você poderá estar procurando um novo emprego nos classificados da internet. Também estamos vivendo em uma época de maior diversidade de profissionais. Com a economia global, talvez você tenha um chefe que é de outro país ou que realmente more nesse outro país e que o gerencia a distância. Empolgante? Sim. Fácil de administrar? Nem tanto.

Sherry Walshak, gerente de marketing da Worldwide Solutions and Industries, da Hewlett Packard, adquiriu muita experiência ao decifrar o estilo de gestão de seus muitos chefes, procedentes de várias partes do mundo. Quando se trabalha para uma empresa do porte da Hewlett Packard, é muito comum ser designado para um novo grupo de trabalho, o que significa um novo chefe para decifrar. Walshak dá a seguinte orientação para aqueles que estão começando a trabalhar com um novo chefe:

1. Não presuma nada. Não presuma que o que você está pensando é a maneira adequada de se comunicar com um novo chefe e que essa abordagem vai corresponder ao seu estilo e necessidades.
2. Pergunte ao seu chefe como ele prefere receber suas comunicações. Por exemplo, ele prefere um relatório semanal da situação ou uma reunião pessoal a cada 15 dias? Perguntando isso logo de saída, você evitará desperdício de tempo escrevendo relatórios que ele nunca lerá.

3. Você precisa sondar seu ambiente. O ritmo é acelerado? Você trabalha para uma grande empresa multinacional ou em uma indústria caracterizada por muitas aquisições e consolidações? Seu chefe é tão ocupado que tem pouco tempo para detalhes e mal tem tempo para fatos? Nesse caso, é sua responsabilidade ajustar seu estilo de comunicação, transmitindo-lhe um resumo das conclusões e recomendações de seu projeto, em vez de fornecer todos os detalhes.
4. É necessário testar o que quer que você recomende. O que quero dizer é que você deve testar suas conclusões com o pessoal que vai usar os resultados do seu trabalho. Essa informação torna-se sua arma secreta. Por exemplo, vamos supor que você seja responsável por fornecer recursos de vendas para as pessoas que vão vender seus produtos e serviços. Você pode testar seus resultados ao fornecer um resumo dos recursos aos usuários finais para descobrir quais eles creem que serão mais eficazes. Depois, quando estiver fazendo a apresentação para a alta direção, faça um ou dois comentários casuais sobre o que acharam as pessoas que usarão os recursos. Essa abordagem demonstra que você fez a devida diligência e que seu trabalho é confiável.
5. Diga às pessoas o que elas precisam saber. Pergunte-se sempre: "Essa pessoa precisa realmente saber disso?" Se não, siga adiante.

"Com o passar dos anos, aprendi que precisamos adaptar nosso estilo ao do chefe e ao do ambiente em que trabalhamos", afirma Walshak. "Por exemplo, no início de minha carreira, trabalhei como vice-presidente de processamento de dados de uma pequena empresa de publicidade. A sala de meu chefe ficava ao lado da minha. Tivemos oportunidade de estabelecer um relacionamento de confiança. Ele me via diariamente. Ele confiava em minhas recomendações e não fazia grandes intervenções. Hoje, meu chefe trabalha do outro lado do país, e o chefe dele fica na Europa. Temos pouca chance de realmente nos conhecer. Portanto, o nível de confiança está longe de ser tão forte como era com meus ex-empregadores. Uma coisa que tento fazer é prestar mais atenção ao que eles dizem. Eu ajusto meu ritmo. Eu lhes dou tempo para alcançar meu raciocínio. Transmito ao meu chefe nacos de informações digeríveis, o que me ajuda a criar confiança e entendimento."

Walshak sabe que decifrar seu superior é uma habilidade que ela continuará a refinar ao longo de sua carreira.

## Tipos comuns de gerentes

Há uma variedade de tipos e estilos de gerentes. Aqui, nos concentraremos em quatro estilos comuns que você pode encontrar no ambiente de trabalho. Não se preocupe se seu chefe não se enquadrar perfeitamente em qualquer das categorias. As categorias de pessoas, muitas vezes, se sobrepõem ou elas podem passar de uma para a outra sem você perceber.

Os estilos de gestão podem ser identificados pela maneira como o gerente usa a autoridade, como se relaciona com os outros, se ele incentiva e valoriza ou não as informações de seu pessoal, e pela forma como ele, como líder, se comunica.

### O GERENTE DITATORIAL

Esse estilo de gestão é também denominado militar ou autoritário. O gerente que segue esse estilo dá ordens e espera que todos obedeçam sem questionar. Ele toma todas as decisões sobre o que será feito, a quem será atribuída tal tarefa, como o trabalho será levado a cabo e quando será completado. Os funcionários que não seguirem as instruções se sentirão como se estivessem sendo levados à corte marcial. Aos mais afortunados será oferecida uma dispensa honrosa, mais comumente chamada de "aposentadoria prematura".

A característica comum de gerentes que adotam esse estilo é que eles são os únicos que sabem o que está acontecendo; eles estão sempre certos; não estão interessados em ouvir a opinião de outras pessoas; rechaçam a discordância; podem permitir alguma discussão, depois ignoram o que foi dito; acompanham de perto cada tarefa; não permitem que outros questionem decisões ou a autoridade; gritam sempre com os subordinados; e motivam pelo medo.

Seria ótimo se você pudesse escapar de um gerente que apresenta esse tipo de comportamento, mas nem todos têm essa opção. Talvez você more em uma pequena cidade onde os bons empregos são escassos ou você seja arrimo de família. Talvez precise aguentar porque não pode abrir mão do plano de seguro-saúde.

Não vou mentir e dizer que você conseguirá domar esse leão. Contudo, darei algumas recomendações de como ficar na jaula sem ser maltratado.

A sobrevivência nessa situação exige que você torne a questão impessoal. O motivo de seu chefe agir assim tem pouco a ver com você. Tem mais a ver com ele. Aprendi por experiência própria que situações como essa podem deixá-lo fisicamente doente. E você também pode perder sua autoestima, o que, no final, impedirá que se liberte, pois seu chefe já o convenceu de que ninguém mais o quer. A seguir, estão algumas formas de administrar seu relacionamento com O Ditador:

**Escolha suas batalhas** – Se você sabe que tem um chefe que gosta de ir à luta por suas ordens, então lhe dê pouquíssima munição. Se sua ordem não for um caso de vida ou morte, faça o que ele pede. Se você tiver sorte, ele focará sua fúria em alguém que não está obedecendo tão facilmente.

**Preveja as necessidades de seu chefe** – Chefes ditatoriais adoram pegar funcionários cometendo erros. Evite cair nessa armadilha, estando preparado o tempo todo. Por exemplo, se seu chefe tem o hábito de entrar na sala das pessoas exigindo os últimos dados disponíveis, tenha sempre à mão referências rápidas e relevantes, para que possa responder rapidamente caso seja perguntado.

**Faça bem o seu trabalho** – É difícil se destacar quando se trabalha nessas condições, mas isso é exatamente o que você precisa fazer. Faça um ótimo trabalho para que o chefe passe a maior parte do dia na estação de trabalho de outro funcionário.

**Estabeleça credibilidade** – Vai levar um bom tempo para conquistar a confiança de um gerente que se enquadra nessa categoria, mas isso não significa que seja impossível. Dê exatamente o que ele precisa, quando ele precisar, e ele acabará reduzindo a microgestão.

## O GERENTE NÃO INTERVENCIONISTA

Todos sonham em ter um gerente que seja totalmente não intervencionista. Isto é, até que ele tenha um chefe que seja uma versão extrema de não intervencionista. Gerentes que se enquadram nessa categoria comunicam-se muito pouco com seus subordinados diretos. Eles acreditam que as pessoas sabem exatamente o que fazer por osmose. Eles são os mesmos gerentes que lhe dirão, na época da avaliação, que você não está satisfazendo as expectativas, embora nunca tenham informado quais eram elas. Por essa razão, é importante gerenciar esse tipo de gerente com atenção, mesmo que seja à distância.

Uma versão menos extrema desse tipo de gerente lhe dirá o que você precisa saber para realizar seu trabalho e depois sairá do caminho para que você possa trabalhar. Se esse grupo de gerentes tivesse camisetas com dizeres, eles seriam os seguintes: "Se vocês não tiverem notícias minhas, está tudo ótimo!"

Características geralmente associadas aos gerentes não intervencionistas são: comunicação limitada; expectativa de que o pessoal de seu setor é capaz de se autogerenciar; e a crença de que seus subordinados diretos conseguem resolver seus próprios problemas com pouca orientação ou intervenção. Esses gerentes também acreditam em alto grau de responsabilidade. Eles acham que, se estão lhe concedendo esse nível de confiança, é melhor dar conta de suas obrigações. Eis algumas ideias acerca de como gerenciar O Gerente Não Intervencionista:

**Respeite seu tempo** – Esse tipo de gerente é tipicamente preocupado com resultados. Se quisesse bater papo, ele participaria mais ativamente. Portanto, é importante manter conversas breves. Pense no que você quer dizer para ele e, em seguida, reduza a conversa pela metade. Essa tática o obrigará a ser sucinto, qualidade muito valorizada neste mundo de tempo escasso.

**Faça perguntas** – Com esse tipo de chefe, você terá de fazer muitas perguntas, uma vez que os chefes não intervencionistas ou estão muito ocupados para lhe dar instruções ou não sabem o suficiente sobre o que você precisa fazer para lhe fornecer a orientação adequada. A última opção não é incomum, especialmente em casos em que um gerente acabou de receber o controle de um departamento que ele conhece pouco ou a conquista do cargo não se deveu a mérito próprio. A primeira pergunta que você precisa fazer é sobre que forma de comunicação ele prefere para receber e responder suas dúvidas. Ele quer que você lhe envie e-mails à medida que as dúvidas surgirem? Ou ele prefere que você junte todas elas para uma reunião semanal? Ou preferiria que você resolvesse as coisas da maneira antiga – pelo telefone?

**Mantenha-o informado** – Sim, eu acabei de dizer que, quando se trata de conversa, esse tipo de gerente acha que menos é mais. Todavia, ninguém gosta de surpresas, nem mesmo um gerente não intervencionista. Isso significa que é sua a responsabilidade de lhe apresentar perguntas, problemas e sugestões. Você precisa manter seu chefe informado sobre a direção que está seguindo, possíveis problemas no horizonte e quaisquer outros fatores que podem prejudicá-lo se a informação chegar a ele por outra pessoa.

**Esteja preparado para gerenciar seu próprio desempenho** – Se quiser uma boa avaliação (ou qualquer avaliação, diga-se de passagem), você terá de assumir o controle de sua avaliação de desempenho. Um gerente não tem como estar ciente de todas as suas contribuições. Por isso é sua responsabilidade lembrá-lo do que você realizou.

Sete semanas antes de sua avaliação, forneça ao seu superior uma autoavaliação detalhada, destacando suas contribuições durante o período avaliado, bem como o que você fez para atingir seus objetivos específicos. Escreva uma avaliação bem equilibrada. Relacione áreas de pontos fortes, bem como áreas em que você precisa de desenvolvimento contínuo. Se você reconhecer as áreas em que está se esforçando para melhorar, é mais fácil seu chefe aceitar sua autoavaliação como honesta e provavelmente usar essas informações para preparar sua avaliação de desempenho. Não se surpreenda se a avaliação que lhe pedirem para assinar for igual à que você apresentou.

## O CHEFE BUROCRÁTICO

Existem chefes que fazem tudo de acordo com as regras, mesmo se as regras não fizerem mais sentido. Costuma-se encontrar esse tipo de chefe nas empresas hierárquicas, como entidades governamentais, hospitais, grandes empresas de serviços e empresas familiares consagradas. As características de chefes burocráticos incluem a necessidade de estar no controle e o desejo por estrutura, processos de sistemas e normas. A frase "Sempre fizemos dessa maneira" pode ser ouvida nos corredores de organizações onde quadros desses tradicionalistas revestem as paredes. Eis maneiras de gerenciar O Chefe Burocrático:

**Tome conhecimento das normas** – A melhor forma de lidar com um chefe burocrático é conhecer as normas e os regulamentos da empresa. Dessa maneira, você compreenderá melhor as tradições que se estabeleceram na organização. Essa abordagem lhe possibilitará escolher cuidadosamente suas batalhas.

**Siga o protocolo** – Quando abordar seu superior sobre qualquer questão, é necessário mostrar-lhe que você já percorreu os canais adequados antes de ir até ele para obter aprovação final. Faça isso citando nomes de pessoas com quem conversou sobre o assunto.

**Seja paciente** – Compreenda que é vagaroso realizar mudanças em empresas edificadas sobre alicerces burocráticos. Talvez você tenha de esperar até que haja uma troca da guarda para que suas ideias tomem forma. Se as normas não são para você, pense na possibilidade de encontrar uma empresa de natureza menos tradicional.

## O LÍDER CONSULTIVO

Se você pudesse escolher o tipo de chefe que teria, esse seria o selecionado. Quando se trata de tomada de decisões, esse tipo de líder envolve outros na solução do problema e avalia as opções, embora se reserve o poder de veto. A maioria tem grande habilidade de ouvir, e são bons em estabelecer relacionamentos com sua equipe e outros funcionários da empresa. Também reconhecem as contribuições recebidas. Eis algumas maneiras de gerenciar O Líder Consultivo:

**Esteja preparado** – Sua opinião *será* solicitada. Portanto, é importante que você pense como responder certas perguntas que o chefe pode fazer. Esteja pronto para respaldar suas afirmações com fatos que sustentem sua posição.

**Seja um gerador de ideias** – Líderes consultivos gostam de dar créditos às pessoas por suas ideias. Eles dão poder ao seu pessoal e se empolgam com os sucessos resultantes. Valorizam aqueles que apresentam ideias inovadoras. Dê-lhes o que eles desejam.

**Não leve as coisas para o lado pessoal** – É fácil esquecer que esse tipo de chefe não está dirigindo uma democracia. Tenha em mente que haverá ocasiões em que seu chefe afirmará a própria autoridade. Apoie sua decisão e siga em frente.

**Expresse sua gratidão** – Você tem sorte de ter um chefe como esse. De vez em quando, diga a ele o quanto você aprecia sua disposição de tratá-lo mais como colega do que como subordinado.

## São necessários dois para fazer um relacionamento dar certo: como a autopercepção entra na jogada

Serei a primeira a admitir que não sobreviveria um dia em uma empresa onde tivesse de transpor muita burocracia para realizar meu trabalho, nem prosperaria em um cargo em que o estilo de meu chefe fosse o de um ditador. Posso afirmar isso porque tenho uma boa ideia do tipo de pessoa com quem me relaciono melhor.

Os relacionamentos baseiam-se em interações entre duas pessoas. Reflita bem antes de aceitar um cargo com determinado chefe que tem um cesto de lixo cheio de placas identificadoras (de portas) daqueles que o antecederam.

Pense bastante para determinar o tipo de gerente com quem você acha que trabalha melhor. Quando fizer entrevistas de emprego, seja observador. Fique de olhos e ouvidos abertos para perceber sinais que o ajudarão a determinar se seus estilos combinam.

## A necessidade de manutenção contínua

Manter um bom relacionamento de trabalho com seu chefe requer esforço contínuo e atenção constante. Você nutre esses relacionamentos monitorando mudanças internas e externas, e prevendo as necessidades de seu chefe antes mesmo que ele saiba que elas existem. Essa estratégia é o que o diferenciará como um recurso valioso, tanto para seu chefe como para a empresa.

### COMO *NÃO* ADMINISTRAR O RELACIONAMENTO COM O SEU CHEFE

Eis cinco maneiras infalíveis de arruinar seu relacionamento com o seu chefe:

1. **Não dar continuidade a um projeto** – Seu chefe precisa confiar que você fará o que prometeu, ou não faz sentido trabalharem juntos. Faça o que promete ou, se não puder, avise-o o mais cedo possível para que possam ser feitos planos alternativos.
2. **Passar por cima do chefe** – Essa atitude, com certeza, garantirá que seu tempo no emprego logo estará chegando ao fim. Com exceção de situações que são ilegais, é melhor tentar resolver as coisas com seu chefe antes que a situação se agrave.

3. **Ser desrespeitoso com seu chefe** – Todos já passamos por situações em que gostaríamos de ter esbofeteado o chefe na frente dos colegas. Provavelmente, você se arrependeria dessa atitude no dia seguinte (ou mesmo uma hora depois). Você não precisa gostar do seu chefe, mas certamente tem de tratá-lo com respeito.
4. **Mentir para o chefe** – É muito fácil ser apanhado em mentiras, especialmente nesta época de redes sociais. Um exemplo é avisar à empresa que está doente e, em seguida, anunciar em sua página do Facebook que está levando sua filha à praia. Pode ter certeza de que alguém de sua rede lerá sua mensagem. Esperemos que esse alguém não seja seu chefe.
5. **Atirar seu chefe no despenhadeiro** – Sua função é apoiar seu chefe. Não é deixar que os superiores dele saibam como ele é ineficiente. Se lhe perguntarem sobre o desempenho dele, certamente você não precisa mentir. Mas também não precisa apresentar uma lista de 10 páginas com todas as incompetências que você observou desde o dia em que começou a trabalhar com ele.

─────────── **PRINCIPAIS PONTOS DE APRENDIZADO** ───────────

- Gerenciar seu chefe é a habilidade mais importante que você precisará dominar. Seu sucesso na empresa depende inteiramente de sua habilidade de gerenciar bem seu relacionamento com ele.
- O autor e especialista em gestão John Kotter sugere quatro passos básicos para gerenciar seu chefe eficazmente. Eles incluem reunir o máximo possível de informações detalhadas sobre metas, pontos fortes, pontos fracos e estilo de trabalho preferido de seu chefe; avaliar honestamente suas próprias necessidades em termos de seu estilo pessoal; usar essas informações para criar um relacionamento que satisfaça as necessidades de ambas as partes; e manter o relacionamento demonstrando que você é confiável, honesto e tem respeito pelo tempo de seu chefe.
- Há quatro grupos principais de estilos de gestão que estamos considerando (embora haja provavelmente mais de uma dúzia): ditatorial, não intervencionista, burocrático e consultivo. No mundo da gestão, nada é simples. Seu chefe pode ser um híbrido de mais de uma dessas categorias. Descubra em qual ele se enquadra e ajuste seu estilo da forma apropriada.
- Gerenciar seu chefe começa com você. Você precisa compreender seu próprio estilo de comunicação, de modo a poder adaptá-lo à situação em questão.
- Gerenciar o relacionamento com seu superior é um processo contínuo que exige cuidado e atenção.

*Existe mais política no escritório do que você pode imaginar. É muito importante compreender isso, ter autopercepção e aprender algumas estratégias para controlar sua reação. Você pode controlar seu grau de participação na política do escritório, bem como seu modo de participar.*

*Examine sempre sua motivação. Pergunte-se: Estou empolgado por trabalhar num projeto porque ganho mais visibilidade ou porque trabalho lado a lado com o CEO, ou ainda porque esse projeto é realmente a coisa certa a fazer? Se começar a tomar atitudes políticas o tempo todo, focadas apenas no seu próprio sucesso, acabará não sendo bem-sucedido.*

*É importante entender que não é um jogo de soma zero. Meu sucesso não é obtido à custa de qualquer outra pessoa.*

Paul Sartori, PhD
*Vice-presidente Corporativo de Recursos Humanos e Comunicação Social*
*Bausch and Lomb*

CAPÍTULO **2**

# Política no escritório

Você entrou no jogo,
então jogue!

Vamos esclarecer uma coisa. Não importa o que possam ter lhe dito, a política no escritório é um jogo que existe em *toda* empresa. Quer você trabalhe em uma empresa sem fins lucrativos, órgão governamental, empresa privada ou empresa familiar, há sempre uma sessão política sendo realizada em algum lugar, seja na sala da diretoria ou nos bastidores.

Antes de começar a escrever sua carta de demissão, é importante entender que política não é apenas uma questão de manipulação. Consiste em usar o poder eficazmente. Jeffrey Pfeffer fala detalhadamente sobre isso em seu livro *Managing with Power, Politics and Influence in Organizations* (1992). Sou grande fã do trabalho de Pfeffer, pois ele não hesita em dizer o que outros ocultam na alta direção. Reconheço que ele me ajudou a decifrar onde realmente residia o poder nas empresas em que trabalhei, o que contribuiu para me manter lúcida durante algumas épocas muito insanas de minha vida profissional. Sem essas informações, você praticamente trabalha em um grande poço de pedregulho, com apenas uma pequena lanterna na mão. Pfeffer lança uma luz clara sobre o que realmente acontece nas entranhas de toda organização.

Pfeffer define o poder como a capacidade de fazer as coisas através de pessoas. Aqueles que exercem o poder eficazmente seguem regras implícitas que lhes permitem fazer manobras rápidas na empresa para obter recursos escassos, aprovação de projetos estimados e promoções. Tomar conhecimento dessas regras implícitas acelerará sua habilidade de avançar na carreira. Vamos analisar mais detalhadamente como isso funciona no mundo real.

## Sim, a vida é injusta: como o trabalho é realmente feito na empresa

Quantas vezes você ou alguém que você conhece queixou-se de como as coisas são injustas no trabalho? Talvez alguém "bem enfronhado" tenha recebido uma promoção que você achava que deveria ser sua. Ou, talvez, um colega não tenha recebido recursos financeiros para um projeto porque o dinheiro foi para o departamento favorito do presidente – vendas, muito provavelmente. A vida não é justa em casa e é especialmente injusta no trabalho.

Na condição de novo gerente, uma das primeiras coisas que você precisa fazer é olhar com atenção como o trabalho realmente é feito na empresa. Não estou falando do que você pode ter aprendido durante a primeira semana de orientação nem sugerindo ler o manual de operações da empresa. Essas informações, não raro, são inativas e, na maioria dos casos, representam apenas o que a empresa quer que você saiba. Estou falando sobre aprender como o trabalho é feito *informalmente*. Creio que isso era muito mais fácil de descobrir nos anos 1950 e 1960. Os ambientes de trabalho eram menos complicados e, normalmente, eram dirigidos por homens brancos. Você podia quase dizer, pela aparência das pessoas, quem eram os manda-chuvas. Mesmo naquela época, outra pessoa geralmente tinha muito poder. Ela ocupava um cargo do qual normalmente não ouvimos falar hoje. Eram as secretárias. Essas mulheres (e quase sempre era uma mulher) construíram e arruinaram a carreira de muitos jovens, pois elas tinham o controle de acesso à sala do chefe.

Felizmente, o mundo empresarial é bem diferente hoje. Mulheres e minorias são empresárias e líderes bem-sucedidas. Ao mesmo tempo, os negócios ficaram mais complexos, pois as empresas tornaram-se globais. Já não se olha a roupa para determinar quem é que veste as calças numa empresa (graças à invenção do traje social casual), nem podemos supor quem sejam os executivos apenas com base em raça e gênero.

Como novo gerente, você terá de aperfeiçoar suas habilidades investigativas para descobrir como o trabalho é feito informalmente na organização.

Isso se consegue sendo vigilante, ouvindo com atenção e observando a maneira como as pessoas – que parecem sempre obter o que pedem – interagem com seus chefes e com o pessoal da alta direção. Quando começar a entender o comportamento nas empresas, você estará mais bem equipado para criar e executar o plano estratégico necessário para ter êxito em sua organização.

## Dois tipos de poder

Há duas fontes de poder nas empresas. A primeira é o poder do cargo, muitas vezes chamado de poder hierárquico. É a autoridade formal que alguém tem sobre outras pessoas baseada unicamente em seu cargo; ela pode incluir controle de orçamentos e instalações físicas, bem como controle de informações. É interessante observar que, agora que você é chefe, você também tem uma posição de poder, embora, evidentemente, não tanto poder quanto seu chefe.

O outro tipo de poder é o poder pessoal. É a habilidade de um indivíduo influenciar outros. A quantidade de poder está diretamente relacionada ao grau de confiança que estabelecemos com os colegas. Veja o seguinte: a empresa instituiu a suspensão geral de contratações. Você não tem posição de poder, como tem o presidente, para burlar a suspensão e trazer um novo profissional para a organização. Portanto, você precisa contar com seu poder pessoal para convencer seu chefe de que é benéfico para a empresa aprovar a nova contratação. Sua solicitação pode ser atendida com base num histórico de dirigir uma equipe enxuta e pedir só o que você precisa. Outro gerente, com um histórico de construção de impérios divisionais, provavelmente teria seu pedido negado.

## Jogos políticos: como evitar o xeque-mate

Se você já jogou xadrez, sabe que precisa ter uma estratégia de jogo se quiser vencer. Grandes enxadristas avaliam o oponente o tempo todo. Eles tentam permanecer um passo à frente. Essa é exatamente a estratégia de que precisará se não quiser levar o xeque-mate no trabalho. Eis como fazer isso:

**Conheça os outros jogadores** – Não leva muito tempo para que a maioria das pessoas descubra, no ambiente de trabalho, os jogadores que as defenderão ou não. A comunicação boca a boca pode lhe fornecer informações relativas a quem gosta de ver o sucesso alheio e a quem passaria por cima de você se tivesse as chaves de um trator John Deere.

**Pense antes de agir** – Não estou dizendo que você deve examinar a fundo cada movimento que fizer. Todavia, sugiro que reflita cuidadosamente sobre seus lances e preveja o que pode acontecer a seguir, especialmente quando sua jogada afetar outras pessoas ou quando você estiver em uma situação de grande visibilidade.

Entenda que o que parece ser uma medida insignificante pode se voltar contra você. Lembro-me de desligar um funcionário que não estava mais apto a fazer seu trabalho. Discuti minha decisão com o meu chefe, que concordou que era a medida certa. Nenhum de nós estava preparado para a fúria dos outros funcionários da empresa, que achavam que o colega não devia ser demitido. No fim, meu chefe me culpou pelo vulcão que entrou em erupção. Ele evitava conflitos e mudava de acordo com os ventos. Infelizmente, os ventos não me foram favoráveis naquele dia.

**Aprenda com os seus erros** – Você não chegará a ser um enxadrista de primeira linha se não aprender com seus erros. Vejo isso em casa quando meu marido joga xadrez com nosso filho de 12 anos. Meu marido lembra o filho constantemente para não repetir uma jogada que já lhe custou um jogo. O garoto acaba entendendo e ensinando alguns lances ao pai durante a partida.

Meu filho tem a vantagem de saber que, aconteça o que acontecer, não será mandado embora da empresa que chamamos de casa. Você, por outro lado, não terá muitas chances. Se tiver sorte, terá uma segunda chance, contanto que seu erro não coloque em risco a empresa ou a reputação de seu chefe. A terceira e a quarta chances são raras. Por essa razão, é melhor aprender com seus erros e, com isso, tornar-se um gerente melhor.

**Jogue discretamente** – Às vezes, a melhor maneira de evitar uma situação de impasse é jogar discretamente. Você faz isso se deslocando pela empresa com o mínimo possível de alarde. Você age fora da tela do radar. Essa técnica é extremamente útil quando você desconfia que seu chefe vai competir diretamente com alguém que parece muito mais poderoso do que ele, e você prevê que será convocado a participar no momento em que a guerra for declarada. Quando solicitado a tomar partido, responda que precisa de algum tempo para ponderar os fatos. Com sorte, a questão já estará encerrada quando seu chefe falar com você novamente.

## Descubra quem está *realmente* no comando

Eu adoro o aviso do espelho lateral do meu carro, que diz: "Objetos no espelho estão mais perto do que você pensa." Isso me lembra muito de negócios. Achamos que sabemos o que vem atrás de nós, mas, às vezes, a situação está mais próxima do que parece. Você é capaz de sair da frente antes de ser abalroado na traseira? Você deve acelerar ou reduzir a velocidade? E o que acontece se, enquanto está lidando com uma situação, outro carro lhe der uma cortada?

Essa é uma ocorrência frequente na estrada empresarial, onde ter um par de olhos a mais é sempre uma boa coisa. Você acha que sabe quem está no controle. Investe seu tempo para desenvolver um relacionamento com aquelas pessoas que acredita que podem lhe abrir caminho, para depois descobrir que elas não são realmente as decisoras ou, a partir de ontem à noite, nem estão mais empregadas na empresa.

Em muitas organizações, especialmente empresas de serviços como grandes bancas de advocacia e empresas de auditoria e contabilidade, essa situação ocorre com frequência. Bernard Gore atualmente trabalha como gerente de projeto sênior, nos escritórios da Objective Corporation, na Nova Zelândia, onde diariamente havia disputas pelo poder. "Trabalhei em grandes escritórios de advocacia (com 100 ou mais sócios), onde cada um deles achava que era a voz mais importante, e muito poucos funcionários não acatavam prontamente as ordens dadas. Eu me saí muito bem em alguns casos, tendo coragem de desafiar um sócio. Porém, embora isso seja útil para que as coisas sejam feitas, também significa acumular inimigos que não conseguem tolerar qualquer desafio ao seu ego, o que não funciona numa contratação de longo prazo", declara Gore.

Como Gore vivenciou, trabalhar em empresas onde o poder corre como um rio transbordante pode ser bastante complicado. Se você for advogado ou perito-contador, pode não ter outra alternativa a não ser entrar para uma dessas grandes firmas, onde terá muitas oportunidades de aperfeiçoar sua habilidade de influenciar as pessoas.

Para ter êxito em empresas de serviços, você precisa entender sua dinâmica. Eis como as coisas funcionam em grandes empresas de serviços: as pessoas são contratadas por sua experiência em informática, operações, administração, e assim por diante. Os gerentes desses departamentos então "vendem" o tempo desses profissionais para os vários diretores de projeto da empresa. Funcionários de todos os escalões da organização devem fazer o registro das horas trabalhadas para que seus salários possam ser alocados a determinados projetos. Se você estiver numa dessas funções de apoio, descobrirá que seu chefe está sempre na situação de ter de decidir quem primeiro terá direito aos seus serviços. Se atender os clientes diretamente, trabalhará com chefes que estão sob grande pressão para garantir que cada minuto que você respira seja um minuto faturável. Agora você deve entender melhor a pressão que existe nesses tipos de empresa.

Quando passar para níveis mais altos de gestão nessas empresas, você precisará se tornar perito em negociação e resolução de conflitos. Os profissionais que exercem o poder em empresas de serviços são aqueles que dominam essas habilidades. Normalmente, eles também são insensíveis a críticas. Antes de decidir construir sua carreira nesse tipo de firma, pergunte-se o seguinte:

- Gosto de trabalhar em uma empresa em que muita gente estará no controle do meu destino?
- Eu me considero uma pessoa razoavelmente astuta quando se trata de lidar com políticas no escritório?
- Sou o tipo de pessoa que é positiva o suficiente para recuar quando necessário?
- Esse tipo de cultura é conveniente para mim?

Empregos nesse tipo de ambiente não são adequados para pessoas sensíveis. Como eu sei disso? Trabalhei para uma empresa de serviços e permaneci apenas 14 meses. E é muito mais tempo do que vários de meus colegas permaneceram. Mas se você não tem dúvida de que é do tipo de pessoa que gosta desse tipo de desafio, dê tudo o que puder, pois a recompensa financeira será grande se você for bem-sucedido.

## Batata quente: como evitar se queimar no trabalho

O problema com as políticas é que um dia você está dentro e no dia seguinte está fora. O mesmo se aplica a gerentes em ambientes altamente políticos. Eis algumas maneiras para evitar se queimar no trabalho.

**Escolha bem as suas alianças** – É ótimo ser conhecido como o braço direito do diretor. Isto é, até que ele esteja prestes a ser demitido. Você pode evitar essa situação sendo você mesmo. Cultive relacionamentos sólidos com pessoas além de seu chefe, de preferência com profissionais que tenham muita influência na empresa. Uma das melhores maneiras de fazer isso é se oferecer para trabalhar em uma força-tarefa que inclua funcionários de outras partes da empresa. Isso lhe dará a oportunidade de demonstrar seu valor não só para seu chefe e o ajudará a fazer um nome para si mesmo, que será ouvido em toda a organização.

**Evite fofocas** – Parece que a maioria das pessoas adora fofoca e tem prazer em ver a vida dos outros implodir bem na sua frente. Isso, provavelmente, explica por que os *reality shows* são tão populares atualmente. Não sei quanto a você, mas eu não desejaria que minha vida profissional fosse o centro das atenções de todos. A melhor maneira de evitar isso é limitar o que você conta ao pessoal da empresa sobre assuntos não relacionados ao trabalho, mesmo que você tenha visto outro gerente em um restaurante em companhia de uma mulher que não a dele. Você também não precisa reforçar boatos com opiniões sobre o trabalho de alguém, se nunca viu o trabalho.

Lembro-me de uma situação ocorrida em uma das empresas em que trabalhei, na qual mais de um profissional estava competindo para um cargo na alta direção. Corriam boatos sobre um relacionamento pessoal supostamente existente entre um dos candidatos e uma colega de trabalho. No final, o cargo foi dado a esse candidato. O que você acha que ele fez primeiro? Se você respondeu que foi eliminar aqueles que ele sabia que não eram seus aliados, acertou.

Enquanto estamos no assunto de políticas e fofocas, vale a pena assinalar que, em se tratando de fofoca, você certamente também não quer ser alvo da principal delas. Mantenha sua vida pessoal separada da profissional e você terá percorrido três quartos do caminho. Faça bem seu trabalho, desenvolva relacionamentos sólidos com os que estão acima de você, no mesmo nível e abaixo, e não terá nada a temer.

**Não acredite em tudo o que ouvir** – Imagine a seguinte situação: você pensa que tem um bom relacionamento com o gerente de San Diego. Depois, outro gerente lhe conta ter ouvido que o referido colega de San Diego anda culpando você por erros que nunca ocorreram. Diz-se que ele está manobrando para conseguir o cargo recém-criado de gerente regional, que você também esperava conseguir. PARE. Antes de ir além, pergunte-se o seguinte: a pessoa que está me contando isso é confiável ou é conhecida como fofoqueira? Qual a probabilidade de essa situação ser verdadeira? Será que prejudicarei meu relacionamento com o colega de San Diego se for conversar com ele sem provas? O que meu chefe pensará de mim se entrar correndo em sua sala falando bobagem, com base em um boato?

A verdade é que sempre haverá gente se posicionando para ser o próximo da fila para promoção. Concentre-se em pensar no futuro e fazer um bom trabalho, em vez de olhar constantemente para trás para verificar se não há alguém com um facão. Ignore os boatos, a menos que tenha provas concretas de que um amigo virou inimigo.

Iniciamos este capítulo discutindo a definição de poder e política, e é exatamente onde terminaremos. É importante lembrar que a política consiste em interagir com outras pessoas e influenciá-las para que as coisas sejam feitas. Podemos e devemos usar nosso poder para fazer as coisas acontecerem. É o que os líderes eficazes fazem. Saberemos que atingimos o sucesso quando formos capazes de fazer nossas ideias avançarem e conseguirmos o comprometimento das pessoas, porque sabemos com quem falar, nos comunicamos com clareza e respeito, e somos capazes de mostrar aos outros como essas ideias irão beneficiá-los. As pessoas confiam que faremos o que dizemos. É dessa forma que se adquire e se mantém poder na maioria das empresas.

## COMO A POLÍTICA FUNCIONA NO LOCAL DE TRABALHO

> *O poder tem consequências nas empresas no que se refere à destinação de recursos, sucessão administrativa e estruturas.*
>
> Jeffrey Pfeffer
> *Autor,* Power in Organizations

O poder afeta:
1. **A destinação de recursos** – Os recursos são rigidamente controlados, especialmente em tempos econômicos difíceis. E também é difícil, e pode ser impossível, realizar um trabalho eficaz sem recursos. Pense em sua capacidade de atingir objetivos da empresa e pessoais com menos gente, menos dinheiro e pouco apoio de seus superiores e colegas. Talvez agora você perceba por que pode ser muito vantajoso para você participar desse jogo.
2. **A sucessão administrativa** – Talvez você tenha observado que algumas pessoas sobem na empresa rapidamente. Muito provavelmente,

são as pessoas que fazem as coisas acontecer na organização, o que as torna mais valiosas. São elas que recebem promoções, juntamente com aumentos salariais e outros privilégios que normalmente acompanham a subida de posição hierárquica. Quanto mais você sobe na empresa, mais isso acontece. Pense no processo decisório para escolher um novo CEO e o que acontece depois que a pessoa assume o cargo.

3. **A estrutura** – Talvez você esteja se perguntando o que a estrutura tem a ver com o seu cargo de gerente. Tem muito a ver. O desenho organizacional, não raro, é chamado de estrutura. Em empresas maiores ou mais formais, geralmente são usados organogramas para representar a estrutura. Veja onde as pessoas estão localizadas no organograma e entenderá o que quero dizer. Aquelas que estão mais próximas da pessoa que detém o poder máximo (CEO, presidente ou dono) têm acesso a informações melhores. Também têm mais autoridade formal e escritórios mais requintados.

## PRINCIPAIS PONTOS DE APRENDIZADO

- A política no escritório existe em *toda* empresa. Não importa se você trabalha em uma empresa sem fins lucrativos, órgão governamental, empresa privada ou empresa familiar. Há sempre uma sessão política sendo realizada em algum lugar, seja na sala da diretoria, seja nos bastidores.
- Política não é apenas uma questão de manipulação. Consiste em usar o poder eficazmente, para promover pessoas e iniciativas.
- Jeffrey Pfeffer, autor e especialista em administração, define o poder como a capacidade de fazer as coisas através das pessoas. Seguir as regras implícitas de exercício do poder lhe permitirá fazer manobras rápidas na empresa para obter recursos escassos, aprovação de projetos estimados e promoções, o que acelerará sua habilidade de avançar na carreira.
- Na condição de novo gerente, uma das primeiras coisas que você precisa fazer é examinar detidamente como o trabalho *realmente* é realizado na empresa. Significa aprender como o trabalho é feito *informalmente*. Isso se consegue sendo vigilante, ouvindo com atenção e observando a maneira como as pessoas – que parecem sempre obter o que pedem – interagem com seus chefes e com o pessoal da alta direção.

- Há dois tipos de poder. O primeiro é o poder do cargo. É a autoridade formal que lhe é concedida com base em seu cargo. Pode incluir controle de orçamentos, de instalações físicas, bem como de informações. O segundo tipo de poder é o poder pessoal, a habilidade de um indivíduo influenciar outros. A quantidade de poder pessoal está diretamente relacionada ao grau de confiança que estabelecemos com aqueles com quem interagimos.
- Você pode evitar o xeque-mate político procurando avaliar os outros jogadores, pensando duas vezes antes de fazer sua próxima jogada e aprendendo com os seus erros.
- Às vezes, o profissional que você pensa que está no comando não é aquele que toma decisões. Você precisa descobrir isso desde cedo, para que possa cultivar relacionamentos sólidos com as pessoas que realmente têm poder de realizar as coisas.
- Evite se queimar no trabalho, não se ligando a alguém que amanhã pode ter ido embora, evitando fofoca e analisando todos os fatores antes de agir com base em informações fundamentadas em boatos.

*Quando você supervisiona pessoas mais jovens, é mais fácil. Há uma aceitação geral de que você sabe o que está fazendo porque é mais velho. Saiba que é mais difícil para uma pessoa mais jovem supervisionar pessoas mais velhas, porque ela precisa demonstrar o tempo todo que está certa.*

*Dê um tempo à pessoa. Características de liderança são características de liderança, seja qual for a idade. Permita que jovens gerentes lhe mostrem do que são capazes. Ajude-os a aprender o serviço. Seja razoável. Vocês têm muito a oferecer um ao outro. Estenda-lhes a mão. Ajude-os.*

*Você tem a responsabilidade de ensinar o seu chefe. Tornando-o bem-sucedido, você também será bem-sucedido. Se ele fracassar, você também fracassa. Se a pessoa for arrogante, qualquer que seja sua idade, arrume outro emprego porque não vai dar certo.*

Frank Guidara
*CEO*
UNO Chicago Grill

CAPÍTULO **3**

# Socorro! Meu chefe é jovem o suficiente para ser meu filho

## Estratégias para gerenciar um chefe mais jovem

É oficial. Os jovens assumiram o controle nos escritórios. À medida que funcionários experientes adiam a aposentadoria, essa situação vai se tornar a regra, e não a exceção. Uma recente pesquisa da AARP constatou que quase 70% dos trabalhadores empregados, de 50-70 anos, planejavam trabalhar nos anos que consideram como de sua aposentadoria. Isso significa que mais trabalhadores se reportarão a chefes que são décadas mais jovens. Aliás, segundo uma pesquisa de 2002, realizada pelo Families and Work Institute, 71% dos trabalhadores de 58 anos ou mais tinham supervisores acentuadamente mais jovens.

Acontece aos melhores de nós. Um belo dia, você pode acordar e descobrir que está entre os funcionários mais velhos do escritório ou pode estar voltando ao trabalho e verificar que seus contemporâneos não estão mais no comando. Em ambos os casos, a capacidade de administrar essa situação terá impacto direto no seu grau de satisfação no trabalho, bem como em sua habilidade de ser bem-sucedido na empresa. Portanto, vale a pena procurar aprender a gerenciar esses relacionamentos. Ter um roteiro para ajudá-lo a navegar nesses novos mares pode evitar muitas das armadilhas que arruinaram aqueles que o antecederam. Sua situação não precisa resultar em catástrofe, se estiver disposto a fazer alguns ajustes.

## Dê uma chance ao seu chefe

Você sabe que alguns dos autores de livros infantis mais populares – Dr. Seuss, Louisa May Alcott, Margaret Wise – nunca tiveram filhos? A falta de experiência como pais nunca interferiu em sua capacidade de escrever livros que impressionavam as crianças. E apenas porque seu chefe não tem anos de experiência no currículo não quer dizer que ele não poderá ficar na história como um dos melhores chefes que você já teve.

Frank Guidara, CEO da rede nacional de restaurantes UNO Chicago Grill, acredita que boa liderança é boa liderança, seja qual for a idade. Sua empresa contrata pessoas com fortes características de liderança e fornece treinamento para ajudar os gerentes a desenvolverem fortes habilidades de liderança. Ele incentiva os funcionários mais velhos a darem um tempo à pessoa. "Que eles mostrem do que são capazes, antes de fazer qualquer julgamento", aconselha Guidara.

Caryn Starr-Gates, diretora de comunicações do DSM Group, uma agência de relações públicas localizada em Franklin Lakes, New Jersey, fez exatamente o que Guidara recomenda. Starr-Gates, de 52 anos, que já trabalhara no ramo, voltou ao mundo de relações públicas para trabalhar com um chefe de 32 anos, que também é proprietário da agência. Starr-Gates, que conheceu seu chefe num evento de *networking*, logo viu que a visão dele para a firma alinhava-se com a dela. Ela se juntou à empresa e nunca mais olhou para trás.

Starr-Gates acredita que o relacionamento deles funciona porque conduzem o trabalho num plano de igualdade. "Não nos consideramos adversários", afirma ela. Em vez de partir do princípio de que seu chefe é inexperiente, ela admite o fato de que seu jovem chefe pode realmente saber mais do que ela. Ela arvorou-se na empresa como uma "sábia conselheira", estratégia que recomenda a outros que se encontram em situação semelhante.

É fácil julgar pela aparência. Fazemos isso diariamente. Mas quantas vezes nossas suposições estão erradas? Eis algumas ideias que você pode usar para conhecer seu chefe:

**Ouça mais e fale menos** – É difícil conhecer alguém se você falar a maior parte do tempo. Procure observar o profissional em ação e ouça o que ele tem a dizer antes de formar uma opinião. Afinal, não é exatamente isso que você gostaria que seu chefe fizesse?

**Prepare uma reunião informal com seu chefe** – As pressões do trabalho podem ser avassaladoras, especialmente para pessoas mais jovens que ainda estão tentando se notabilizar. O comportamento de alguém que está sob pressão é muito diferente daquele que você observa em um ambiente mais informal. A melhor forma de conhecer seu chefe melhor é organizar uma reunião informal.

Pergunte ao seu gerente se ele gostaria de se reunir com você, fora do escritório, para café ou almoço em um restaurante local, onde ambos estarão livres de interrupções. Aproveite esse tempo para conhecer seu chefe. Faça perguntas específicas que lhe darão informações úteis sobre o que ele valoriza. Por exemplo, ele gosta de comunicação frequente ou prefere receber relatórios semanais? Ele quer saber todos os fatos preliminares ou apenas sua recomendação final? Cuidado com o tom de voz quando fizer essas perguntas. A última coisa que você quer é parecer uma repórter investigativa fazendo uma entrevista para o *Dateline NBC*!

**Use a internet** – Pode apostar que seu chefe já fez uma busca sobre o seu nome, então por que você não deveria fazer o mesmo? É uma ótima forma de saber mais sobre sua formação e experiência profissional fora da empresa. Em sua busca, faça o possível para ignorar fotos ou informações que poderá encontrar em sites que não têm nada a ver com trabalho, como MySpace e Facebook. Tomara que seu chefe tenha feito o mesmo.

**Peça opiniões ao seu chefe** – Um chefe mais jovem pode achar difícil dar opiniões a um funcionário mais experiente. Portanto, você pode se ver na posição desconfortável de não saber exatamente como está o seu desempenho. Isso significa que talvez precise ser você a iniciar a conversa.

Comece pedindo ao seu chefe para fazer observações específicas sobre seu desempenho. Pergunte-lhe se você está correspondendo bem às expectativas dele sobre projetos específicos e o que você pode fazer para alinhar seus objetivos com os dele. Peça-lhe para identificar as áreas em que ele acha que você se destaca e aquelas em que talvez possa melhorar. Permita que seu chefe o oriente nas áreas que ele conhece mais do que você.

## Procure o meio-termo

É perfeitamente natural que ocorram conflitos quando pessoas com experiências diferentes trabalham juntas. Espere que o conflito surja e gerencie-o antes que as coisas implodam. Alguns conflitos podem ser bons. Eles nos inspiram a pensar sob outros pontos de vista que talvez não tenhamos considerado. Isso, por sua vez, nos permite criar novas formas de fazer as coisas. Contudo, conflitos demais podem ser destrutivos para a empresa e sua carreira. Por isso, é importante encontrar o meio-termo.

Um dos maiores erros que Caryn Starr-Gates viu seus contemporâneos cometerem foi fazer dura oposição a assuntos relativos à tecnologia. Embora ainda sinta saudade de sua máquina de escrever IBM Selectric, Starr-Gates sabe que as empresas há muito tempo se modernizaram. "Tornar a tecnologia um campo de batalha é um grande erro", observa ela. "Tudo bem não ficar à vontade ou dizer que não se sente à vontade, mas não faça disso um problema. Relaxe. Aprenda. Não faça com que sejamos nós contra eles. E nunca diga 'Nunca precisamos fazer isso desse jeito antes...'."

Digamos que você seja um *baby boomer* (nascido entre 1946 e 1964), e sua chefe seja da Geração X (nascida entre 1965 e 1979). Você acabou de ser informada que no seu departamento vai haver a implantação de um novo sistema. Sua chefe acha que isso não é nada de mais, uma vez que ela consegue aprender um novo programa só de folhear o manual. Você, à semelhança de muitos *boomers*, requer treinamento prático. Apenas dizer isso a ela, provavelmente, pouco melhorará sua situação. Entretanto, apresentando-lhe várias opções para consideração, você pode conseguir exatamente o que precisa. Eis um modelo de texto de como você pode fazer isso:

> Anne, sei que uma transição está prestes a acontecer. Todos da equipe concordamos com a mudança. Mas alguns membros do grupo, inclusive eu, precisam de mais apoio do que o manual pode fornecer. Gostaria de saber se você pensaria na possibilidade de um treinamento prático. Refiro-me a enviar-nos para um curso antes da transformação ou talvez você se dispusesse a realizar algumas sessões antes ou depois do expediente para aqueles que precisam desse tipo de apoio. Assim, uma transição tranquila estaria assegurada e você estaria livre para trabalhar no importante projeto de aquisição.

Essa abordagem fornece uma maneira de você e sua chefe encontrarem um meio-termo. Afinal, ambos querem ver o sucesso do projeto. Juntos, estão alinhando suas diferenças para atingir objetivos mutuamente acordados, sem você dizer à sua chefe que ela é muito jovem para entender que nem todos aprendem da mesma maneira. Quem não atenderia esse pedido?

## Reconheça as diferenças e siga em frente

Convenhamos. Você e sua jovem chefe cresceram em dois mundos diferentes, mas isso não significa que não possam coexistir pacificamente. Algumas diferenças são devidas à idade, enquanto outras são resultado de estilos de gestão diferentes, que não têm correlação direta com suas datas de nascimento.

O advogado Orrin R. Onken, de Fairview, Oregon, que aos 50 anos trabalhou para um chefe 20 anos mais novo, acredita que é importante reconhecer essas diferenças. Quando lhe pediram para explicar em detalhes, Onken declarou: "Reconheça que vocês podem não concordar plenamente, em virtude das diferenças em seus sistemas de valores. Todavia, vocês podem se beneficiar por causa dessas diferenças, em vez de causar dificuldades um ao outro." Em um artigo escrito por Onken, chamado "Surviving the Younger Boss", ele observa que compreende bem a maneira de ser de seu chefe de 32 anos, porque em uma época de sua vida ele compartilhava de valores semelhantes. "Ele é dinâmico, ambicioso e tem iniciativa", escreve Onken sobre seu chefe. "Ele é direcionado para metas concretas e imediatas, e tem uma literalidade de pensamento que deixa pouco espaço para sutilezas, exame de consciência e atividades contemplativas. No fundo, ele acha que ser viciado em trabalho é uma qualidade admirável e que a experiência de sua geração é qualitativamente mais dinâmica que a das gerações que o antecederam." Onken complementa que não compartilha dessas convicções, mas as compreende inteiramente, pois ele também tinha esses valores quando era mais jovem.

Admitir diferenças e discutir abertamente formas de encontrar um meio-termo é um conselho que vale a pena seguir, mesmo que você não se encontre nessa situação em especial. Com certeza, é melhor do que a alternativa de contornar os problemas que, evidentemente, não vão desaparecer sem ajuda.

## Ajuste seu vocabulário

Lembrar dos prazeres do passado com o pessoal de sua geração pode ser divertido, mas fazer isso o tempo todo pode ser aborrecido para pessoas a quem isso não diz muito. Lembra-se de como era quando seu pai repetia que, em sua época, ele andava cinco milhas na neve para chegar até a escola? Bem, é exatamente assim que seu jovem chefe se sente quando você constantemente o lembra de como era a vida no passado. Apague as seguintes frases de seu vocabulário: "Em minha época", "Quando eu estava no comando", "Já tentamos isso uma vez", "Nunca fizemos isso dessa maneira", e qualquer outra coisa que indique que você já passou por isso antes. Você não está mais no comando. Nesse trecho da viagem, você é passageiro.

Dadas todas as opções de aprendizado atualmente, não há mais desculpas para não acompanhar as mudanças tecnológicas. Matricule-se num curso on-line, assista a aulas numa faculdade comunitária local ou suborne seu filho de 10 anos para lhe ensinar nos fins de semana. Apenas faça alguma coisa!

## Seja um funcionário, não um pai

É fácil esquecer que, embora seu chefe seja jovem o suficiente para ser seu filho, ele *não* é seu filho. Resista à ânsia de agir como pai de seu chefe. Quero dizer com isso que você não deve iniciar conversas com "Bem, querido" ou "Pela minha experiência". Isso pode fazer seu chefe achar que está recebendo orientação de um pai ou de alguém que pensa que sabe mais do que ele. Quando sua opinião for solicitada, seja breve na resposta e, antes de fornecer detalhes, espere até ver um sinal indicativo de que seu chefe gostaria de ter mais informações.

O ditado "Ações falam mais alto do que palavras" aplica-se especialmente quando gestos paternais surgem nessas situações. Tenho experiência de primeira mão com isso. Eu tive uma secretária (sim, havia secretárias naquela época) que, quando se sentia frustrada, apontava o dedo para mim como se estivesse repreendendo seu filho. Suponho que não era inteiramente culpa dela, pois ela tinha um filho da minha idade. Todavia, eu me ressentia de ser tratada como criança, especialmente por alguém que não era minha mãe. Anos mais tarde, pilheriamos sobre o assunto, pois ela nem mesmo se dera conta de que fazia isso.

Coloque o dedo indicador em seu coldre e mantenha-o lá. A última coisa que você deve fazer é inadvertidamente abanar seu dedo na cara do chefe quando faz uma colocação.

Conselhos sobre assuntos pessoais, mesmo que solicitados, devem ser evitados a qualquer custo. Tudo bem, você pode ter arranjado um noivo para sua filha, mas isso foi em casa. Aqui é trabalho. Se a atividade de casamenteira é sua verdadeira vocação, talvez seja hora de você se candidatar a um emprego onde possa fazer isso em período integral.

## Supere as diferenças de comunicação

A conscientização sobre diferenças de comunicação entre pessoas de gerações diferentes é o primeiro passo para fazer a ponte. Isso é especialmente importante quando você trabalha com um chefe que é de outra geração. Para fazer o relacionamento dar certo, você precisará entender o estilo de comunicação de seu gerente e adaptar-se adequadamente. Por exemplo, como *baby boomer*, talvez você prefira conversar por telefone ou pessoalmente. A maior parte da Geração X prefere e-mail. Se seu chefe é um *millenial* (nascido após 1980), você precisa aprender a enviar mensagens de texto. A história a seguir, sobre uma *boomer* que se adaptou para se comunicar com seus próprios filhos, ilustra exatamente por que deve ser você a se adaptar e não o contrário.

Em um recente voo de volta da Califórnia, sentei-me ao lado de uma mulher que parecia ser uma *baby boomer*. Quando aterrissamos, ela pegou seu telefone e começou a enviar mensagens de texto. Impressionada com sua velocidade, perguntei educadamente se ela estava enviando mensagens de texto. "Estou", respondeu ela. Eu lhe disse como ficara impressionada, considerando que eu ainda estava aprendendo a inserir contatos no meu celular. Ela contou que descobrira há muito tempo que, se quisesse se comunicar com seus filhos, teria de aprender a fazer isso do jeito deles.

Nunca me esqueci daquela conversa, pois aprendi uma lição que não é ensinada em aulas de administração. Às vezes, é você quem tem de mudar. Não tenho vergonha de admitir que meu filho de 9 anos recentemente me mostrou como enviar mensagens de texto e inserir contatos no telefone. Isso nunca teria acontecido se eu continuasse pensando que os outros é que tinham de se adaptar ao meu estilo de comunicação para se comunicar comigo. O mesmo se aplica ao trabalho. Lembre-se de que o objetivo é se comunicar eficazmente com seu chefe, não ser sua mãe.

## Jogue para vencer

Sejamos francos. Quem não se sentiria ameaçado por alguém que tem significativamente mais experiência e conhecimento? Seu chefe provavelmente já assistiu a episódios suficientes de *O aprendiz* para saber que há membros da equipe esperando que seus líderes cometam um erro e eles possam pegar seus lugares. Isso contribui para o sucesso de um show de televisão, mas às vezes é difícil estabelecer o limite entre ficção e realidade.

Se você for da Geração X ou mais velho, provavelmente se lembra do programa de televisão *Ally McBeal*. Para aqueles que são muito jovens para lembrar, McBeal, representada por Calista Flockhart, era uma advogada de vinte e poucos anos, cujo impacto nas empresas americanas pode ser visto ainda hoje. No ambiente de trabalho, as barras subiram pelo menos 5 centímetros, visto que as jovens tentavam imitar o "modo Ally" de se vestir. Em decorrência do programa, de costa a costa dos Estados Unidos, as mulheres passaram a usar roupas que ficavam muito bem. No entanto, sentar-se confortavelmente tornou-se uma dificuldade!

Muito de nossas crenças sobre o ambiente de trabalho é moldado pelo que vemos na televisão. Entretanto, a televisão não vai lhe ensinar como diminuir a tensão que pode estar se formando com o seu chefe mais jovem. Isso porque não há drama suficiente nessa situação, embora você ache que ela daria um ótimo *sitcom*.

### CINCO COISAS QUE VOCÊ PODE FAZER PARA FICAR EM POSIÇÃO DE VANTAGEM

1. Onken é de opinião que seu chefe provavelmente está tão nervoso quanto você com o problema. Ele sugere que, logo no início, você fale com ele e peça uma orientação. "Todos adoram isso", afirma Onken. Isso também deixa claro que você sabe quem está no comando. O medo gera atitude defensiva e prepotência, diz Onken. Eliminando a ameaça, você facilita a construção de um relacionamento com o seu chefe.
2. Se não estiver interessado no cargo de seu chefe, diga-lhe isso. Essa atitude possibilitará que ele a veja como aliada, e não como predadora.
3. Se estiver interessado em progredir, peça o auxílio de seu gerente. Peça-lhe que prepare um plano de desenvolvimento para ajudá-lo a passar para o patamar seguinte. Apele para o interesse pessoal dele. Lembre seu chefe de que as empresas ficam mais propensas a promover um funcionário se houver alguém na organização que possa assumir sua função.
4. Se seu chefe dá boa impressão, você também dá. Trabalhar juntos é de interesse de ambas as partes. Tenha em mente que você está aprendendo como tratar seu chefe.
5. Falando de promoções... se, depois de tentar, você perceber que tem uma jornada longa demais até onde uma mente encontra a outra,

talvez seja o momento de pegar outro caminho. Faça tudo o que puder para conseguir que seu chefe seja promovido. Com um pouco de sorte, você terá vida mais fácil com o substituto dele.

## Bom humor é de grande auxílio

Não subestime o poder do bom humor no ambiente de trabalho. Onken afirma que o bom humor o fez superar muitas situações difíceis quando trabalhava com o seu chefe mais jovem, e isso teve um impacto permanente em seu relacionamento. Faz muitos anos que Onken trabalhou para esse chefe, mas ele ainda o considera um amigo.

Starr-Gates usa o bom humor no trabalho para minorar situações que possivelmente poderiam ser estressantes. Ela brinca com o seu chefe e colegas sobre seus primeiros tempos na agência, quando chegaram os computadores. "As máquinas ocupavam uma sala inteira!", exclama Starr-Gates. Seu chefe e colegas apreciam o fato de ela compartilhar suas experiências no ambiente de trabalho, que ocorreram antes mesmo de eles terem nascido. Seu senso de humor e atitude jovial permitem que ela se destaque em um setor em que se é considerado de meia-idade aos 40 anos.

## Vista a camisa ou pegue um caminho diferente

Não escolhemos nossa família nem escolhemos nossos chefes. Se quiser que o relacionamento dê certo e ser valorizado pelo que sabe e pode contribuir, você precisa deixar totalmente claro, desde o primeiro dia, que está feliz de estar na equipe de seu chefe, que fará tudo o que puder para auxiliá-lo na transição e que está empenhado em torná-lo bem-sucedido. Se isso não for verdade, não aceite esse cargo ou comece a procurar um novo emprego. Se ficar sentado à sua mesa, esquentando a cabeça pelos próximos cinco anos (presumindo que não seja descartado pela empresa), só estará se prejudicando.

Se tirar apenas uma lição deste capítulo, que seja a de que gerenciar um chefe mais jovem é mais uma questão de gerenciar nossas atitudes. Em sua vida, você verá muitos chefes virem e irem. A única constante é você. Usando as dicas deste capítulo, você terá o poder de construir seu próprio caminho para o sucesso.

Por último, obviamente há o problema milenar de chefes detestáveis, o que realmente não tem nada a ver com a idade. É fácil atribuir a culpa ao que podemos ver. Quando as coisas não estão funcionando com o seu chefe, podemos, automaticamente, culpar os fatores como a idade. Mas, às vezes, um chefe problema é justamente isso. É alguém que, seja qual for sua idade, não deveria estar em um cargo de liderança. Discutiremos isso no capítulo a seguir.

――――― **PRINCIPAIS PONTOS DE APRENDIZADO** ―――――

- Em algum ponto de sua carreira, você pode se ver trabalhando para alguém que é jovem o suficiente para ser seu filho. Sua capacidade de administrar essa situação terá impacto direto no seu grau de satisfação no trabalho, bem como em sua habilidade de ser bem-sucedido na empresa. Portanto, vale a pena procurar aprender a gerenciar esses relacionamentos.
- Antes de fazer qualquer julgamento, dê ao seu chefe uma chance de provar do que ele é capaz. Na maioria dos casos, os gerentes são colocados em funções de liderança porque demonstraram que têm características de líder.
- É perfeitamente natural que ocorram conflitos quando pessoas com experiência diferente trabalham juntas. Espere o conflito surgir e administre-o antes que as coisas implodam.
- Reconheça as diferenças e esteja preparado para encontrar um meio-termo.
- Seja funcionário, não pai, se quiser que seu gerente aja como chefe e não como seu filho.
- Ajude o seu chefe a ficar à vontade. Peça-lhe orientação para que ele saiba que você reconhece que é ele quem está no comando. Se não estiver interessado no cargo de seu chefe, avise-o para que ele o veja como aliado, não como predador. Procure a ajuda dele se estiver interessado em uma promoção.
- Torne seu chefe bem-sucedido. Se ele tiver êxito, você também terá.
- Boa capacidade de liderança não tem nada a ver com idade. Esteja aberto à possibilidade de que talvez essa pessoa seja o melhor gerente que você já teve.

*No início de minha carreira, fui contratada para substituir alguém que fora promovido. Ele não podia assumir o novo cargo antes de me treinar. Em sua nova função, essa pessoa também seria responsável por supervisionar meu trabalho. Disseram-me que eu tinha de fazer o trabalho do jeito dela, e que nenhum desvio seria permitido, mesmo que o resultado do trabalho fosse bom. Demorei bastante para entender que ela podia temer que alguém a substituísse e mostrasse competência equivalente. Ela lutava com a transição para o novo cargo. Era uma pessoa que não gostava de mudanças. E também se abstinha de agir porque "Martha não era treinada", embora eu fosse.*

*Não desperdice sua energia se preocupando sobre por que o chefe está tentando ser detestável. Na maioria dos casos, essa atitude não é intencional. Em vez disso, veja as coisas do ponto de vista do chefe. Que necessidade o superior está tentando satisfazer ao falar com você ou pedir coisas dessa maneira? Geralmente, não está tentando aborrecê-lo. Converse particularmente com ele e diga como se sente ao ser tratado dessa forma. A maioria reagirá de forma positiva quando a situação for levada à sua atenção.*

*Você tem de ouvir sua voz interior para ver se consegue trabalhar com essa pessoa até descobrir o que precisa fazer, a menos que seja uma situação extrema em que seus valores lhe digam que esse não é um lugar onde você pode permanecer.*

Martha S. LaCroix, profissional sênior em RH
*Vice-presidente Executiva, Diretora de Recursos Humanos*
*Yankee Candle*

CAPÍTULO **4**

# Trabalhando com um mau chefe

## Existe um em qualquer grupo

V ocê já sonhou em dar ao seu chefe uma passagem só de ida para uma ilha remota, semelhante aos destinos do reality show *Survivor*? Então, você não está sozinho. Pessoalmente, conheço poucas pessoas que não tiveram a experiência de trabalhar para um chefe desagradável. Até presidentes de grandes empresas são oprimidos, de vez em quando, por chefes detestáveis.

Recentemente, Steve Tobak, do BNET.com, entrevistou Joel Manby, CEO da Herschand Family Entertainment, empresa familiar de US$300 milhões, com 10 mil funcionários e 24 parques temáticos nos Estados Unidos. Manby partilhou sua opinião sobre trabalhar em uma cultura de intimidação e um momento que mudou sua vida, e que ele vivenciou quando trabalhava como presidente e CEO da Saab USA.

"Não quero criticar a GM, mas a intimidação fazia parte de sua cultura. Você era ridicularizado em reuniões. Os CEOs tinham egos enormes e nenhum problema em fazê-lo parecer idiota", afirma Manby. Ele relata a história de quando foi chamado à Europa pelo presidente mundial da Saab. Recebeu um telefonema num domingo de manhã e estava num avião para a Europa no mesmo dia. Quando chegou, levou uma bronca durante quatro horas e, em seguida, tomou um avião de volta para casa. Ele se lembra do quanto se sentiu humilhado. "Foi quando eu comecei a examinar outras possibilidades", contou.

Você também, com o tempo, pode decidir que seu ambiente de trabalho não é mais um lugar em que você pode permanecer. Mas, nesse meio-tempo, se tem um chefe desagradável, você precisará aprender a lidar com ele, para não descarregar a raiva que sente dele em seus próprios funcionários e em sua família.

## Versões diferentes do mesmo tema

Maus gerentes vêm em roupagens variadas. Estou relacionando algumas das variedades mais conhecidas, juntamente com dicas de como administrar essas situações.

### "VÁ PARA A ESQUERDA, NÃO, VÁ PARA A DIREITA": LIDANDO COM UM CHEFE INDECISO

Esses são os chefes que mandam fazer uma coisa, depois questionam por que você está indo na direção que ordenaram. Loucura? Sim. Mas há meios de minimizar o número de vezes que isso acontece.

Eu descobri que com esse tipo de chefe é melhor confirmar o que estão lhe pedindo, antes de prosseguir. Eis como pode ser essa confirmação: "Então, Doug, se entendi bem, você quer que eu examine cuidadosamente a mudança da central de atendimento ao cliente para Portland, Maine, certo? E quer receber minhas recomendações, junto com a documentação de apoio, antes de 1º de abril. Correto?" Em seguida, envie-lhe um e-mail confirmando o que lhe foi solicitado e informando-o de que vai começar a trabalhar no assunto imediatamente. A última coisa de que você precisa, depois de fazer a mudança da central de atendimento, é descobrir que seu chefe quis dizer Portland, Oregon. Essa estratégia de confirmação reforçará o que foi acordado e minimizará a indecisão que é comum em chefes desse tipo.

### CHEFES TIPO "VOCÊ ESTÁ SOB O MEU DOMÍNIO"

Ah, esses microgerentes. Eles querem que acreditemos que estão gerenciando cada detalhe porque se consideram perfeccionistas. No entanto, na maioria dos casos, a verdadeira história gira em torno da falta de confiança. Pense em uma ocasião em que talvez você tenha microgerenciado. Muito provavelmente, isso ocorreu porque você não confiava que os outros fizessem um trabalho tão bom quanto você.

Microgerentes precisam ser gerenciados de perto, o que, se você pensar, é algo irônico. A ideia aqui é criar confiança. Você consegue isso fazendo sempre o que diz que fará. Se estiver trabalhando para um chefe como esse, sugiro o seguinte. Pense por que seria vantajoso para seu chefe permitir que você trabalhe de forma mais independente. Provavelmente, isso lhe dará mais tempo para se dedicar a outras tarefas ou ter tempo livre para passar com a família ou amigos. Depois que determinou isso, você pode pedir mais autonomia. Eis como pode ser sua sugestão: "Gostaria de saber se o senhor me permitiria lhe fornecer um relatório semanal sobre o projeto em que estamos trabalhando, em vez de um acompanhamento diário, como ocorre atualmente. Essa abordagem lhe dará mais tempo para conquistar novos negócios e chegar em casa a tempo para jantar com sua esposa. Sem dúvida, eu o manterei informado sobre qualquer coisa que possa atrapalhar o cumprimento de nossos prazos finais, antes de nossa reunião semanal. O que lhe parece?" Ótimo, agora pegue sua agenda e reserve tempo para suas reuniões semanais.

## CHEFES QUE TÊM FAVORITOS

Se você já trabalhou para um chefe como esse ou parece que seu chefe atual tem um funcionário favorito, você sabe como essa situação pode ser frustrante. Parece que, por mais notável que seja o seu trabalho, o favorito do chefe faria melhor. Eis onde reside o problema. Você precisa parar de se comparar com outros subordinados de seu chefe, pois é improvável que se torne o favorito com esse comportamento. Como meu mentor, Alan Weiss, sempre diz: "Se quiser ser amado, compre um cachorro."

A melhor maneira de fazer os outros reconhecerem suas contribuições é sempre fazer um bom trabalho. Você também precisa se autopromover, para que os outros percebam, o que discutiremos detalhadamente no Capítulo 5. Se fizer isso, com o tempo obterá o reconhecimento que merece. Entretanto, se o favoritismo continuar sendo um problema, talvez você deva pensar na possibilidade de conversar com seu chefe sobre o que tem observado, antes de fazer algo drástico como mudar de emprego. Afinal, você tem pouco a perder se planejava se demitir por causa dessa situação.

Leve em conta que seu chefe talvez não perceba que tem favorecido outros funcionários, e pode ficar agradecido por você levar a situação à atenção dele. Ao ter essa conversa, atenha-se aos fatos que observou e abstenha-se de mencionar comentários que outros possam ter feito sobre a situação, pois isso pode aumentar a atitude defensiva de seu superior. Se o comportamento de seu chefe não mudar, você tem duas opções: conviver com o problema ou procurar um emprego em que o chefe trate os funcionários mais imparcialmente.

## CHEFES QUE DISCRIMINAM

Eu gostaria de lhe dizer que esse tipo de coisa não acontece mais, mas já passei por isso e tomei conhecimento por outras pessoas de que a discriminação ainda ocorre no ambiente de trabalho. Quando você está nessa situação, sua primeira reação é de incredulidade. Depois vem a negação e, para muita gente, a raiva.

Trabalhei para uma empresa de consultoria financeira e lembro-me de meus colegas terem reparado que eu não era tratada da mesma forma que eles. Eles me perguntaram, mais de uma vez, se eu achava que isso tinha a ver com o fato de que eu professava uma religião diferente de 95% dos funcionários da empresa, incluindo meu chefe. Ignorei seus comentários, como se eles estivessem loucos. Eu estava em negação, pois provavelmente era o que acontecia.

Naturalmente, existem leis contra discriminação no ambiente de trabalho, que defendem uma série de direitos, inclusive o de prática religiosa. Tomei a decisão de não me valer dessas proteções, pois preferi usar minha energia para encontrar um local de trabalho que valorizava a diversidade. Sua situação talvez seja muito diferente, e o caminho legal certamente é um meio de pôr um ponto final no problema. Porém, mesmo que você vença um processo de discriminação, é necessário se perguntar se esse é realmente o tipo de empresa para a qual você quer trabalhar.

Ao que tudo indica, a discriminação por idade é o assunto do momento atualmente, visto que os trabalhadores lutam para que ela seja abolida. A discriminação por idade é real. Pronto. Eu já disse. E quem quer que lhe diga que ela não existe, precisa de um novo par de óculos. Mas sempre há maneiras de minimizar o problema. Eis algumas:

- Continue relevante – A tecnologia está mudando a forma como o trabalho é feito. Se não sabe o que é um *tweet* e se o WordPerfect é seu processador de textos preferido, você tem trabalho a fazer. Inscreva-se em aulas on-line (você sabe o que é isso, não é?) ou contrate um universitário para introduzi-lo no mundo das mídias sociais. Participe de seminários e oficinas para estar sempre aprendendo.

- Pareça relevante – OK, essa é a parte em que as pessoas ficam loucas comigo. A primeira impressão é a que fica. Admita. Você também critica quando vê alguém que parece diferente de todo mundo. Se você for mulher, atualize seu penteado e jogue fora qualquer roupa com ombreiras. Os homens se beneficiariam ao investir em roupas *business casual,* que não tenham a etiqueta Dockers na parte de trás. Investir em algumas gravatas para aquelas ocasiões em que precisar também não é má ideia.
- Ouça mais do que fala – Pode-se aprender muito sobre tendências atuais apenas ouvindo a conversa de gente mais jovem. Eu me recordo de entrar no escritório de um possível cliente, que operava no setor de publicidade, e comentar sobre os pôsteres dos Jonas Brothers pendurados na sala de reunião. Ele ficou impressionado por eu saber quem eles eram. Eu sorri, fui para casa e agradeci à minha filha, na época com 8 anos, por assistir ao Disney Channel o dia inteiro.

## O GRITÃO

Há dois tipos diferentes de gritão. Um é o chefe que grita para chamá-lo, mesmo quando sua sala fica ao lado da dele. Pior ainda, como Janyce Brandon, atual diretora de Relações Públicas da Rocky Mountain Vacation Rentals, pode confirmar, é o chefe que grita ordens por meio de um intermediário: "Uma vez tive um chefe que dizia ao meu gerente para me avisar sobre um projeto no qual eu precisava trabalhar, apesar do fato de que minha sala ficava a três metros de distância e eu conseguia ouvi-lo. Certa vez, ele até gritou escada abaixo para o meu gerente, e minha sala ficava literalmente ao lado da escada. Para evitar a situação, comecei a pegá-lo nos seus intervalos para que me explicasse seus projetos, e ele aprendeu a falar diretamente comigo, em vez de usar a tática não interativa de antes."

O outro tipo de gritão é aquele que grita *com* funcionários, e não raro faz isso na frente de outros funcionários. Você precisa enfrentar uma pessoa assim com decisão, a menos, é claro, que goste de ser insultado. Como digo aos meus clientes de *coaching,* ninguém merece estar em um relacionamento em que esteja sendo abusado, e essa certamente é uma forma de abuso. Não estou sugerindo que você responda gritando, pois isso só aumentará o volume. Em vez disso, estou recomendando que você avise essa pessoa de que não ficará lá parado enquanto ela verbalmente o insulta. Em particular, diga ao ofensor que você tende mais a ouvir o que ele diz se ele falar com você, não gritar. Depois, esteja preparado para ir embora da próxima vez que ele lhe der uma bronca na frente de outras pessoas, pois esse é um hábito difícil de romper.

## O WORKAHOLIC

Esse é o chefe que acredita que porque ele não tem vida pessoal, ninguém mais deve ter. Ele espera que você trabalhe à noite, em fins de semana e, em alguns casos, em feriados. A melhor maneira de lidar com um workaholic (o viciado em trabalho) é controlar as expectativas de antemão. Quando começar no emprego, entre e saia nos horários estabelecidos. Desligue seu celular à noite e nos fins de semana, para que seu chefe não se acostume a telefonar após o expediente. Resista à tentação de responder a e-mails nos fins de semana ou isso se tornará a nova norma.

Se já estiver nesse tipo de situação, sugiro que recue lentamente. Comece reduzindo o horário de seu *home office*. Em seguida, esforce-se para sair do escritório um pouco mais cedo. Tenha uma vida do lado de fora, para que haja motivos de sair no horário normal.

# Escolhendo suas armas com cuidado – estratégias para ajudá-lo a sobreviver a um chefe detestável

Haverá ocasiões em sua carreira em que você não terá condições de entrar na sala de seu chefe e se demitir, devido a condições econômicas ou obrigações familiares. As armas que escolher para lidar com esse tipo de chefe dependerão de seu nível de tolerância, de sua empregabilidade e do mercado de trabalho em geral. Eis algumas estratégias que me ajudaram e a outras pessoas que conheço a sobreviver durante tempos turbulentos.

**Voe abaixo da tela do radar** – Você já reparou que as crianças que se mantêm discretas geralmente não são azucrinadas no pátio da escola? O mesmo se aplica ao local de trabalho. Se mantiver uma atitude discreta e fizer seu trabalho (sem se preocupar com o que acontece ao seu redor), você será capaz de sobreviver a esse tipo de chefe até que encontre um novo emprego ou seu chefe seja promovido ou demitido.

**Ignore** – Às vezes, a melhor atitude é não fazer nada. Descobri que, quando os funcionários se recusam a reconhecer chefes brigões, esses chefes voltam sua atenção para outras pessoas.

**Reze** – Não há nada de errado em rezar e meditar para superar essas situações. Eu passava muitas horas meditando, depois de um duro dia de trabalho com um dos chefes mais detestáveis que já conheci. No final, decidi que preferia passar essas horas tendo aulas de salsa. Foi quando resolvi que era hora de encontrar um emprego em que a meditação era uma opção, não uma necessidade para aguentar o dia até o fim.

**Enfrente o chefe com decisão** – Se você tem um mau chefe, um adulto valentão, o melhor é enfrentá-lo com coragem. Você precisa defender seus direitos e aqueles das pessoas que gerencia. Não fazer isso resultará no fortalecimento desse monstro, ficando extremamente difícil rechaçá-lo.

## O que fazer quando todo o restante falha

Os gerentes têm apenas duas opções quando se trata de trabalhar com um chefe abominável: lidar com o problema ou pedir demissão. Alguns talvez pensem que têm uma terceira opção – ficar na "zona de contaminação". É onde encontramos pessoas se lastimando sobre o que quer que as aflija, nesse caso geralmente o chefe. Quando você está nessa zona, é praticamente impossível manter em segredo seus sentimentos sobre seu chefe. Isso significa que você pode rapidamente contagiar seus subordinados. Por isso é importante que decida se vai lidar com o problema ou pular fora da situação.

Lembre-se de que a quantidade tem poder. Você terá uma chance melhor de expulsar um chefe detestável se houver outros funcionários na empresa que também se sentem abusados ou gerenciados de forma incompetente. Discretamente, você terá de reunir seus aliados, antes de abordar o superior de seu chefe ou a diretoria. Também será necessário estar munido de provas de como o problema está afetando a produtividade e, mais importante, a lucratividade. Você precisa estar muito confiante de que algo será feito, pois há uma boa chance de seu chefe declarar guerra e você, provavelmente, ser o primeiro a ser atingido.

Se examinou muitas das sugestões fornecidas neste capítulo e nenhuma delas é adequada para o seu caso, você sabe o que tem de fazer. Não deixe de ler o Capítulo 9, "Você está demitido!", antes de pedir demissão, para assegurar que sabe exatamente o que pedir na saída.

## Como não seguir o exemplo de seu abominável chefe

Por que você acha que há tantos chefes abomináveis por aí? Provavelmente, porque aprendemos com o que vemos. Rory Rowland, da Rowland Consulting, entrevistou aproximadamente 200 pessoas para seu livro *My Best Boss Ever* e constatou que somente um terço dos entrevistados teve um ótimo chefe. A maioria classificou seus chefes como medíocres ou de baixo nível. Pense um pouco. Você trabalha para um chefe que é um imbecil. Você observa tudo sobre ele, não sobre seus subordinados. Ele é o cara que dirige o BMW, que estaciona em vaga reservada, enquanto você vai de ônibus para o trabalho diariamente. Você soma dois e dois e conclui que, a fim de ser bem-sucedido como seu chefe, tem de agir como ele. E, assim, o ciclo continua. Isto é, continua até que você tenha a sorte de trabalhar para um chefe incrível, que demonstra que é possível ser um líder respeitado, admirado *e* bem-sucedido.

Há muitos meios de chegar ao mesmo lugar. Mas, no fim, você terá de viver com sua consciência. Mesmo no ambiente empresarial esclarecido de hoje, vemos chefes abusivos que progridem em organizações apesar de seu estilo áspero de gestão ou talvez por causa dele. À medida que uma nova geração assume a liderança das empresas, os valores e crenças do ambiente de trabalho mudam. Um estilo de gestão abusivo pode não produzir mais os mesmos resultados. A maior parte dos que leem este livro acabou de assumir um cargo de gerência. Você tem a oportunidade de fazer uma revolução na gestão – caberá a você criar um ambiente de trabalho em que chefes detestáveis não precisam se candidatar. Como em qualquer revolução, a mudança deve começar com você.

### LIÇÕES APRENDIDAS COM MAUS CHEFES: COMO *NÃO* GERENCIAR

A maioria de nós já teve ou ainda terá a experiência de trabalhar para alguém que está muito aquém do que consideramos um chefe eficaz. Eis algumas das histórias das "trincheiras" e lições aprendidas ao longo do caminho.

1. Vanessa Jackson, gerente da Matrix Human Resource Solutions, trabalhava para um chefe que gostava de depreciar os funcionários na frente de colegas. Ela me contou a seguinte história. "Eu tinha de fazer uma

apresentação para um grupo de gerentes de nível médio (como eu) e pronunciei errado o nome dos auditores de nossa empresa. Meu chefe ridicularizou meu erro de pronúncia na frente de meus colegas e disse que, se eu não conseguia pronunciar os nomes corretamente, seria melhor eu ficar calada (querendo dizer que, mesmo que eu elaborasse as apresentações, não iria apresentá-las). Vanessa aprendeu duas coisas com essa experiência: qualquer pessoa pode ficar um pouco tímida quando está sob pressão e "elogiar em público e fazer críticas construtivas em particular!"

2. Parece que chefes egocêntricos criam experiências memoráveis para seus funcionários, pelas razões erradas. Isso é exemplificado pelo caso de um chefe que, na ocasião da avaliação de desempenho, disse: "Você superou todas as metas, mas não vou lhe dar seu bônus porque ele afetará o meu." Caso curioso, cortesia de Linda Konsta, presidente da LMK Associates/Sensible Human Resources Consulting.

3. Lembre-se de que seu sucesso (e bônus) será diretamente afetado por sua capacidade de atingir as metas de seu grupo gerencial. Será muito difícil, ou até mesmo impossível, fazer isso se a maior parte do que você fizer for só por você e não para ajudar seus funcionários a serem bem-sucedidos.

4. Harriet Cohen, proprietária da Training Solutions, retornou à sua empresa de consultoria depois de uma permanência de dois anos como diretora de uma empresa em que se reportava ao CEO e ao COO (Chief Operating Officer). Cohen me forneceu uma lista de péssimas práticas de gestão que ela observou durante sua permanência nessa empresa. Uma, em especial, chamou minha atenção: "Logo que eu comecei, minha chefe me perguntava se poderia me dar feedback, em seguida ela me repreendia perguntando: 'E você pensava o quê? Sei que não estava pensando.' Depois de algumas vezes, fiquei esperta e disse não, obrigada, ao feedback." Cohen acrescentou: "Estou num ótimo lugar agora, enquanto ela continua tornando as pessoas infelizes."

## PRINCIPAIS PONTOS DE APRENDIZADO

- Maus gerentes vêm em diferentes sabores. Alguns são mais fáceis de digerir do que outros. Para evitar que seu estômago fique enjoado, você precisa decidir como lidar com a situação ou terá de se demitir. Sua decisão de ficar ou sair determinará seu procedimento.
- A indecisão não é uma característica muito valorizada em gestão. Se, por acaso, você tiver um chefe com essa síndrome, precisará modificar sua maneira de gerenciá-lo. Esclareça sempre o que seu chefe está pedindo e confirme por escrito para assegurar que ambos estão de acordo.
- Microgestão não significa perfeição; significa falta de confiança. A melhor forma de gerenciar um chefe desse tipo é criar confiança. Faça isso cumprindo o que promete e mostrando ao seu chefe por que é vantajoso para ele lhe conceder mais autonomia.
- A discriminação no ambiente de trabalho é real. Se estiver sofrendo discriminação, defina sua melhor linha de ação, a qual, em muitos casos, talvez não envolva advogados.
- Há muitas estratégias que você pode empregar para enfrentar um mau chefe, enquanto calcula seu próximo passo. As estratégias incluem voar abaixo do radar, ignorar a situação, oração e meditação, e enfrentar o chefe com decisão.
- Quando tudo o mais falhar, você tem a opção de levar suas preocupações à atenção dos altos executivos da empresa – a menos, é claro, que seu chefe *seja* a empresa.
- Você representa a próxima geração de gerentes. Você tem o poder de começar uma revolução de gestão e de criar ambientes de trabalho em que chefes abomináveis não sejam mais tolerados.

*O que quer que você faça para ser notado, o mais importante é ser autêntico. Se for extrovertido como eu, seja expansivo e simpático com seu chefe. Seja alguém que ele gosta de ter ao seu lado. Mas tenha cuidado em conseguir isso rápido demais, porque os outros irão notar. Mais de uma vez, em minha carreira, fiz inimigos poderosos entre meus colegas e os de meu chefe porque me tornei muito próxima de meu superior.*

*Independentemente de sua personalidade, como gerente você deve fazer questão de que seu pessoal tenha seu trabalho reconhecido. Se eles se destacaram, você se destacará. Agora que você está na gerência, suas avaliações não se basearão unicamente em seu desempenho. Seu chefe vai julgá-lo pelo desempenho de sua equipe. Sempre que você, como gerente, exibir sua equipe, estará exibindo a si mesmo.*

*Ao longo de minha carreira, o principal era sempre meus funcionários. O pessoal mais bem-sucedido que vi na Coke Bottling comemorava o sucesso de seus subordinados com seu chefe. Sempre que tiver a oportunidade de convidar seu chefe para uma reunião, em que seu pessoal será reconhecido, faça isso, mesmo que você ache que ele não irá comparecer.*

Dan Bowling
*Diretor-geral, Positive WorkPlace Solutions, LLC*
*Membro palestrante sênior, Duke Law School*
*Ex-vice-presidente sênior de Recursos Humanos da Coca-Cola Enterprises*

CAPÍTULO **5**

# Vanglorie-se, para que possa ser ouvido num mar de cubículos

No ambiente de trabalho atual, há tanta disputa por atenção que talvez seja impossível sobressair e ser notado. Então, o que um novo gerente pode fazer para ser ouvido em uma profusão de cubículos? Você precisa esquecer tudo o que sua mãe lhe ensinou sobre não se vangloriar. Aumente o volume e faça bastante barulho para que o pessoal da empresa saiba quem você é e fique ciente do que está realizando. Você não deve ser antipático ao se promover, mas os outros funcionários precisam conhecer seu valor, e é provável que eles não descubram a menos que você os informe.

Dadas as constantes mudanças na vida empresarial – aquisições, downsizing, fechamento de escritórios – você precisa se esmerar para manter mais do que seu chefe informado de seus sucessos, visto que não há garantia de que ele estará na empresa amanhã. Essa situação pode ser especialmente difícil atualmente, pois os executivos são bombardeados com mensagens de texto, e-mails e recados na caixa postal, juntamente com uma agenda cheia de reuniões, o que lhes deixa pouco tempo para lhe dar prioridade. É por isso que você precisa lhes dar um motivo para parar e prestar atenção. Entraremos em detalhes sobre como você pode fazer isso acontecer depois de discutirmos por que é preciso mais do que um forte desempenho para se distinguir dos demais.

## Por que apenas o seu desempenho não o conduzirá ao topo

O programa de sucesso *American Idol* é um bom exemplo de que apenas o desempenho não o levará ao topo. Nesse programa, cantores se apresentam na frente de juízes e de uma plateia televisiva, competindo para ser a próxima grande estrela. O que torna a competição tão interessante é que, não raro, o segundo colocado ou um finalista entre os 10 mais, tem uma carreira muito mais bem-sucedida do que o candidato vencedor. Creio que grande parte disso se deve à capacidade dos participantes de explorarem sua marca depois do final da temporada.

Eis um exemplo. Entre as opções a seguir, você consegue adivinhar quem foi o vencedor da terceira temporada do *American Idol*?

- John Stevens
- Fantasia Barrino
- Jennifer Hudson
- Jasmine Trias

A resposta correta depende de como você define "vencedora". Embora Fantasia Barrino tenha sido a ganhadora oficial do *American Idol*, muitos podem afirmar que a verdadeira vencedora foi Jennifer Hudson. E ela tem o Oscar para provar. Se você já ouviu Hudson cantar, sabe que ela tem um vozeirão.

Agora pense em colegas ou pessoas que você conhece e que fizeram um ótimo trabalho, no entanto nunca chegaram ao topo de seu grupo profissional. Ao mesmo tempo, provavelmente você pode listar uma série de funcionários de desempenho médio ou até sofrível que parecem ter sido promovidos involuntariamente. Essas pessoas devem ter construído uma base de admiradores, e posso garantir que isso não aconteceu sem algum alarde.

## Tocando em harmonia

Você já percebeu como os sons dos instrumentos mais suaves da orquestra ressoam, mesmo depois que o espetáculo terminou? Meus ouvidos se entusiasmam quando ouço o som agradável do flautim sendo tocado suavemente ao fundo, considerando que eu normalmente ignoro os instrumentos mais sonoros, como a tuba.

Como Dan Bowling ressalta, às vezes a melhor maneira de ser notado é ficar por trás, discretamente, enquanto aqueles à sua volta se destacam. Naturalmente, como gerente, você precisa coordenar essa ação de maneira que seus funcionários tenham uma plataforma onde possam brilhar. Permitir que seus subordinados diretos possam ser ouvidos e reconhecidos é um dos meios mais eficazes de se autopromover como gerente. Se fizer isso constantemente, outros começarão a perceber que seu pessoal está sempre desempenhando em harmonia. Você será reconhecido como um líder forte, que consegue motivar seu pessoal a desempenhar lindamente e a mudar o tom num estalar de dedos.

## Alguns mitos comuns sobre autopromoção

Quanto antes você se livrar desses mitos comuns sobre autopromoção, mais rápido será notado.

### MITO 1: SEU TRABALHO FALA POR SI

Se tudo o que você precisasse para ser notado fosse um trabalho notável, então por que tantos grandes artistas só ficaram famosos após a morte? Seu trabalho é apenas seu trabalho, até que alguém repare nele. Se quiser que isso ocorra nesta vida, então precisará atrair a atenção. Discutiremos exatamente como fazer isso neste capítulo.

### MITO 2: NÃO É PRECISO SE VANGLORIAR PORQUE OUTRAS PESSOAS FARÃO ISSO POR VOCÊ

Eu conheço muita gente que continua esperando que alguém reconheça o trabalho que levaram a cabo meses atrás e, em alguns casos, anos. Desconfio que estão esperando no porto por um navio que nunca chegará. Você precisa assumir o comando de sua própria campanha de notoriedade. Em seu livro *Brag! The Art of Tooting Your Own Horn Without Blowing It*, a autora Peggy Klaus escreve: "Ninguém defenderá seus interesses da mesma forma que você. Ninguém contará sua história e conseguirá o entusiasmo das pessoas como você. E tem mais, 9 em 10 vezes, quando aqueles a quem você se reporta falam positivamente de seu trabalho para os demais, normalmente é porque têm algo a ganhar. Infelizmente, o elogio é feito de tal maneira que acaba ajudando-os mais do que a você."

Concordo plenamente com Klaus. Sempre contei minhas próprias histórias e nunca confiei em ninguém para fazer isso em meu nome. Posso não acertar todas as palavras, mas certamente compenso isso pela maneira como transmito minha mensagem.

## MITO 3: SÓ É CONVENIENTE FAZER AUTOPROMOÇÃO NA ÉPOCA DE AVALIAÇÃO DE DESEMPENHO

Muita gente faz uma lista de suas realizações apenas na época de avaliação de desempenho. Talvez isso ocorra porque parece que nada importante acontece ao longo do ano. A palavra-chave aqui é *parece,* pois muito provavelmente você está caminhando a passos largos, à medida que atinge meta após meta. O lamentável é que você (e talvez um ente querido) seja o único que sabe disso.

A maior parte das demissões não ocorre por acaso na época de avaliação. Se a última coisa importante de que seu chefe tem conhecimento aconteceu nove meses atrás, você poderá ser demitido antes de ter tido a oportunidade de apresentar suas realizações. É necessário fazer autopromoção continuamente, para que você permaneça, o ano inteiro, como um daqueles funcionários que a empresa resolve manter.

## MITO 4: NÃO É ELEGANTE SE VANGLORIAR

As mulheres foram condicionadas a acreditar que é falta de modos se vangloriar. Assim, durante muitos anos, elas se abstiveram, enquanto seus colegas do sexo masculino contavam suas histórias de sucesso para qualquer pessoa que quisesse ouvir. Atualmente, as mulheres estão competindo no mesmo nível que os homens e, portanto, é necessário respeitar as mesmas regras, o que inclui informar os demais de que você é um recurso valioso para a empresa.

## MITO 5: HUMILDADE É UMA CARACTERÍSTICA VALIOSA

Quando crianças, aprendemos a importância de ser humilde. Somos ensinados a não nos vangloriar da situação financeira de nossa família ou nos regozijar de todos os troféus e medalhas adquiridos em atividades esportivas. Ser modesto talvez seja bom quando criança, mas vai fazê-lo progredir quando adulto? Na maioria das situações, a resposta é não. Por quê? Porque, enquanto você está sendo humilde, outros alardeiam, em alto e bom som, suas últimas realizações. Você fica em segundo plano, enquanto eles ocupam o centro das atenções.

## MITO 6: SE VOCÊ SE VANGLORIAR, AS PESSOAS NÃO VÃO GOSTAR DE VOCÊ

Recentemente, voltei de carro de Nova York na companhia de uma colega. Durante nossa viagem de três horas e meia, aprendi muito sobre ela, o que me fez gostar ainda mais dela do que antes. Ela realizou tanta coisa em sua carreira e, no entanto, nunca havia partilhado essa informação comigo ou com seus possíveis clientes. Ela assumiu riscos que poucos teriam coragem de assumir, e tinha algumas histórias divertidas para provar isso. Se ela não tivesse se vangloriado enquanto dirigia para casa, eu não teria descoberto essa faceta de sua personalidade.

Pense naquelas realizações que você talvez nunca tenha compartilhado com os outros. Como as pessoas o veriam se lhes mostrasse uma parte de você que ficou em segredo durante anos? Você seria considerado mais disposto a correr riscos? Elas teriam mais respeito por você? Será que talvez seria visto como um candidato viável para um trabalho no exterior? Imagine todas as possibilidades que podem se abrir se você deixar que as pessoas saibam por que você é especial.

## Autopromoção negativa *versus* autopromoção positiva (existe uma diferença)

O dicionário *Merriam-Webster* define o verbo "vangloriar-se" como "falar de maneira presunçosa". É esse o tipo de comportamento que queremos adotar?

Em uma entrevista concedida a Shari Lifland, da American Management Association, Peggy Klaus, autora de *Brag! The Art of Tooting Your Own Horn Without Blowing It*, faz um trabalho incrível ao diferenciar entre autopromoção negativa e positiva. Klaus observa que, se "todos agíssemos como grandes fanfarrões, nossos clientes e colegas de trabalho sairiam correndo porta afora. Esse tipo de comportamento é autopromoção negativa. A autopromoção positiva é completamente diferente; é ressaltar informações memoráveis sobre você, em uma história interessante e divertida, relatada com entusiasmo e prazer".

Eis três erros comuns de autopromoção que ocorrem na área de trabalho:

1. **Momento inoportuno** – Não se vanglorie sobre o novo trabalho que recebeu no exterior, quando seu colega foi transferido para o lugar menos desejável possível. Nunca se sabe. Essa pessoa pode um dia ser seu chefe e, talvez, queira se vingar.
2. **Insensibilidade a prioridades** – Espere para se vangloriar para seu chefe depois que ele estiver tranquilo e você tenha toda a sua atenção. Informar seu chefe sobre os acontecimentos depois que ele passou o fim de semana terminando um enorme projeto é um grande erro. Se tudo o que ele consegue pensar é em ir para casa dormir e, mesmo assim, você insistir em aproveitar o momento para informá-lo sobre todas as suas realizações, como você acha que a situação vai terminar? Acho que nada bem.
3. **Muitas batatas e pouca carne** – Não conte ao chefe *tudo* o que você faz; reserve sua falta de modéstia para as coisas interessantes. Se você informar em excesso, seu chefe acabará ignorando o que você está dizendo e procurará um motivo para encerrar a conversa.

## Tornando-se uma pessoa interessante

Eu sempre ouço pessoas dizerem que não teriam problemas em se autopromover, se ao menos tivessem algo digno de promoção. A maioria de nós tem muito do que se vangloriar, talvez só precisemos de uma ajudinha para fazer as ideias brotarem.

Eis algumas perguntas que você pode se fazer para que suas ondas cerebrais se movimentem na direção certa. Consulte a página 60, para mais perguntas de estímulo à autopromoção.

1. Quais são as três coisas que você fez na vida das quais se orgulha muito? (Sugestões: Viajou muito? Fez trabalho voluntário? Pagou sua própria educação? Fez um pedido de patente? Alcançou uma meta importante antes da maioria de seus pares? Fez diferença na vida de alguém?)
2. O que você realizou que não compartilhou de imediato com outras pessoas?
3. Quais são as três coisas que diria sobre si mesmo e que demonstram o valor que você agrega à empresa? Quais são as três coisas que seus colegas mencionariam como sua contribuição?

4. Em que projetos você trabalhou no passado (ou em que trabalha atualmente) que mostram seu talento?
5. Que prêmios você recebeu dentro e fora do local de trabalho?
6. Quais são algumas de suas aspirações? (Sugestões: Está cursando pós-graduação? Participa de um grupo de teatro local? Está aprendendo a falar uma língua estrangeira?)
7. Qual você acha que é seu maior trunfo e como pode continuar aperfeiçoando suas habilidades?

## Cinco maneiras de se vangloriar para que seu trabalho seja notado

1. **Conte histórias** – Todo mundo adora contar histórias, especialmente uma boa história. Pense em como você pode criar uma história do que gostaria de se vangloriar. Por exemplo: quando terminei meu MBA, deixei meu emprego e viajei sozinho pelo mundo durante um ano. Tive algumas experiências surpreendentes ao longo da viagem. Pronto, usei bravata estratégica para falar sobre três acontecimentos de minha vida sem me vangloriar. Agora você sabe que tenho MBA, que viajei muito e vivenciei muitas culturas e que assumo riscos. Mas minha apresentação ficou muito mais interessante do que se eu tivesse apenas mencionado esses três itens.

   Eu contei essa história quando estava me candidatando ao cargo de diretora de recursos humanos de uma empresa com uma força de trabalho bem diversificada. O gerente que me contratou, que acabou sendo meu chefe, ficou impressionado com o fato de eu ser capaz de me identificar facilmente com pessoas de nacionalidades diferentes e que seria provável que eu tivesse de passar algum tempo nesses países durante minhas viagens. Ele também me viu como uma pessoa que assume riscos e é realmente empreendedora, que eram características muito valorizadas na empresa.

2. **Fale com segurança** – Tudo se resume ao modo de se expressar. Você já reparou como algumas pessoas olham para baixo quando falam sobre si mesmas ou sua voz de repente torna-se difícil de ouvir? Convicção e segurança são imprescindíveis quando você está se promovendo. Afinal, se você não acredita no que está dizendo, o que acha que os outros irão pensar?

Isso pode exigir um pouco de prática. Felizmente, o preço das filmadoras caiu bastante. Peça que alguém o filme enquanto você conta sua história. Depois retroceda. Você projetou bem sua voz? Você parece verossímil? Manteve contato visual quando chegou à parte mais autoelogiosa de sua história? Continue praticando até que seu discurso combine com a excelência de sua história.

3. **Elabore uma lista de momentos autoelogiosos** – É difícil lembrar de todas as coisas notáveis que se realizou, especialmente à medida que se envelhece e se acrescenta mais itens à lista. Por isso recomendo manter uma lista no seu computador. Dessa forma, poderá facilmente acessar histórias quando precisar delas.

   Por exemplo, vamos supor que você vá dirigindo para um congresso na companhia de seu chefe e do vice-presidente de sua divisão. O que você gostaria que o VP soubesse sobre você, que talvez ele não saiba? Existe alguma coisa que você possa introduzir naturalmente na conversa, que lhe seria favorável? Se o congresso a que vão comparecer é sobre o uso de mídias sociais, por exemplo, você tem exemplos de como usou mídias sociais com bons resultados para criar comunidades? Talvez tenha feito isso com o grupo de escoteiros de seu filho. Ou talvez tenha sido um exímio blogueiro de um *site* renomado como Fast Company. Isso certamente seria interessante, dado o tema do congresso. E, quem sabe, talvez, depois do congresso, o vice-presidente pode convidá-lo a participar da equipe de grande visibilidade que ele está montando para tirar o máximo proveito das mídias sociais e aumentar a rentabilidade.

4. **Lidere, não se limite a seguir** – Muitas pessoas entram para associações, embora poucas se envolvam. Eis uma oportunidade de se destacar no seu setor, e você será notado não apenas pelo seu chefe. Escolha uma organização e comprometa-se a fazer mais do que comparecer às reuniões mensais. Atue ativamente em comissões, como a de filiação, ou envolva-se em programas de grande visibilidade. Como meta de longo prazo, pense na possibilidade de tornar-se presidente, o que realmente lhe dará notoriedade.

5. **Ofereça-se para participar de projetos de grande visibilidade em sua própria empresa** – Convenhamos. Em quase todas as empresas, o CEO tem uma causa a qual gostaria que funcionários voluntários abraçassem. Em sua empresa pode ser a United Way – parte de um

movimento global que promove o desenvolvimento das comunidades locais –, ou talvez uma marcha para erradicar a fome. Alguém será designado para liderar essa causa, então por que não garantir que esse alguém seja você? Isso lhe dará acesso direto ao escritório com a melhor vista e lhe permitirá demonstrar que você é capaz de liderar uma iniciativa de visibilidade. Obviamente, não faz mal nenhum que essa campanha seja particularmente cara à pessoa que, em última análise, controla até onde você chegará na empresa.

Outra maneira de chamar a atenção é buscar oportunidades de participar de iniciativas da companhia, que exijam representantes de vários departamentos. Lembre-se, visibilidade é o principal objetivo. Falamos anteriormente sobre por que é importante chamar a atenção de outras pessoas além de seu chefe, especialmente quando a economia está um pouco instável. Ofereça-se para ser o contato entre a equipe e a direção, de modo a ter a oportunidade de apresentar suas constatações aos altos executivos da empresa.

6. **Mantenha seu chefe informado sobre suas realizações** – O segredo aqui é descobrir como seu chefe prefere receber comunicações e usar essa informação para compartilhar suas realizações. Se tiver um chefe que prefere relatórios mensais, então no fim do mês envie-lhe um relato do progresso obtido sob seu comando. Evite bombardear seu chefe com fragmentos de autopromoção; caso contrário, seus memos serão deletados antes mesmo de serem lidos. É aqui que entra em jogo a concisão. Diga ao seu chefe o que precisa dizer e nada mais. Se houver necessidade de mais informações, você será solicitado a fornecê-las.

Você saberá que domina a arte de se autopromover quando seu chefe aplaudir seus esforços e lhe pedir para contar mais detalhes.

## CONSELHO PRUDENTE DA EXÍMIA CONTADORA DE HISTÓRIAS SALLY STRACKBEIN

Mencione a palavra "vangloriar-se" para a maioria das pessoas e observe como elas recuam horrorizadas. A bravata é própria apenas de gente antipática e egocêntrica. Mas, como progredir se ninguém souber de suas realizações? Ao contrário da bravata comum, a bravata estratégica é a arte de contar suas histórias de sucesso de modo que as pessoas digam: "Conte mais." Ninguém quer ouvir: "Ei, eu sou ótimo. Olhem pra mim!" Mas todos querem ouvir uma boa história com um final feliz. Tudo se resume a como você tece sua história. Uma história interessante de autoelogio começa com um pouco de jogos de cena, exatamente como nos filmes. Faça isso em apenas uma ou duas frases. Depois explique que problema você resolveu, como o resolveu e os resultados que obteve. O segredo é ouvir as outras pessoas primeiro e, quando perguntarem sobre você, diga "Por exemplo" e conte sua história.

## VANGLORIE-SE! RESPONDA AO QUESTIONÁRIO DE AUTOAVALIAÇÃO

A autora Peggy Klaus fornece perguntas valiosas para sua autopromoção eficaz em seu livro *BRAG! The Art of Tooting Your Own Horn Without Blowing It* (2003). Você não precisa responder às perguntas na ordem. Pode começar de qualquer lugar e avançar conforme preferir. À medida que passar de uma pergunta para a outra, é possível que você pense em coisas que deixou de fora ao responder às perguntas anteriores. Na verdade, convém revisar suas respostas depois que terminar a avaliação. Lembre-se: quanto mais tempo dedicar a esse exercício, e quanto mais detalhes específicos fornecer, mais fácil será pegar suas partes interessantes e criar histórias curtas e otimistas, que serão absolutamente claras e interessantes para aqueles que ainda não o conhecem bem.

1. O que você e outros diriam que são cinco aspectos positivos de sua personalidade?
2. Quais são as 10 coisas mais interessantes que você fez ou que lhe aconteceram?
3. O que você faz para viver e como acabou fazendo esse trabalho?
4. O que você gosta/adora em seu cargo/carreira atual?
5. Como seu cargo/carreira usa seus talentos e habilidades, e em que projetos você está trabalhando agora que melhor os destaca?
6. De que sucessos de sua carreira você mais se orgulha de ter alcançado (do cargo atual e de empregos passados)?
7. Que novas habilidades você aprendeu no ano passado?
8. Que obstáculos você superou para chegar aonde está hoje, profissional e pessoalmente, e que lições essenciais você aprendeu com alguns de seus erros?
9. Que formação você teve e o que extraiu dessa experiência?

10. De que organizações profissionais você faz parte e de que maneira – membro, conselho diretor, tesoureiro, e assim por diante?
11. Como você passa seu tempo fora do trabalho, incluindo *hobbies*, interesses, esportes, família e atividades voluntárias?
12. De que maneira você está fazendo diferença na vida das pessoas?

© 2003 Peggy Klaus and Associates. Todos os direitos reservados.
Usado com permissão de Hachette Book Group.

## PRINCIPAIS PONTOS DE APRENDIZADO

- Quando tentar ser notado, em primeiro lugar você tem de ser autêntico. Se não for, não se sentirá à vontade e provavelmente deixará de tentar, o que afetará sua capacidade de conseguir os recursos necessários para continuar apoiando seu pessoal e a si mesmo.
- Aumente o volume! Esqueça o que aprendeu em casa ou o que outros lhe disseram sobre se autoelogiar. Você precisa apregoar com bastante estardalhaço, de modo que os funcionários da empresa reparem em quem você é e o que é capaz de realizar.
- Apenas o seu desempenho não o levará ao topo. Você pode ser o melhor cantor no recinto, mas ninguém saberá disso se você nunca abre a boca.
- Exiba seu pessoal. Quando ele parece bom, você parece fantástico!
- Mitos sobre autopromoção são apenas isso – mitos. Ninguém jamais progrediu ou obteve mais recursos para seu pessoal seguindo um conjunto de regras que não faz mais sentido no ambiente de trabalho moderno. Assuma a responsabilidade por sua campanha de relações públicas, contando aos outros sobre seu trabalho e o de sua equipe, e faça isso o ano inteiro. Se alguém tiver problema com isso, não deixe de lhe emprestar este livro.
- Mulheres (e estou mesmo dizendo mulheres), a mãe de vocês estava errada. As mulheres foram condicionadas a acreditar que é falta de modos se vangloriar. Eu digo: vangloriem-se à vontade se quiserem ter as mesmas oportunidades que seus colegas do sexo masculino.
- *Timing* é tudo. Avalie o que está ocorrendo ao seu redor, antes de contar sobre sua mais recente vitória. A última coisa que você deve fazer é alardear ótimas notícias quando parece que seus colegas estão tendo um dia difícil.
- Infelizmente, contar histórias não é matéria ensinada na maioria das universidades. Isso significa que você terá de aperfeiçoar essa habilidade por sua conta. A seção Vanglorie-se! Responda ao Questionário de Avaliação o ajudará a começar.

*Funcionários são um ativo de valor incrível para nós. Para a [minha empresa] Six Red Marbles, salários e benefícios somam 95% do total de despesas. Esse é um grande investimento! Adoro quando o pessoal vem conversar comigo sobre seus cargos – seja para ajustá-los e/ou pedir um aumento. Normalmente, isso significa que eles valorizam seus cargos e querem investir mais na Six Red Marbles.*

*Quando pedir um aumento, creio que é importante estar preparado antes de entrar em minha sala. Isso significa poder explicar plenamente por que você merece ganhar mais. Especificamente, que valor adicional você agregou à empresa? Esteja preparado para dar exemplos, tais como de que forma você nos tirou de um aperto, se você lidou com uma situação complicada com um cliente e obteve resultado positivo ou se você se afastou de sua função para trabalhar em algo que poderia ter nos causado transtorno.*

*Peça sempre! Não espere que eu lhe dê permissão para pedir aumento. Apenas peça. Se você acha que tem uma boa razão, peça! Como executiva, sempre valorizei o pessoal que conhece seu valor e não tem medo de conversar comigo sobre o assunto.*

Sarah White
*Presidente, Diretora de Informações*
*Six Red Marbles*

CAPÍTULO **6**

# Por favor, senhor, posso ganhar mais?

## Como pedir aumento e conseguir

Para muita gente, pedir um aumento é como esmolar. Você entra na sala do chefe, cai de joelhos e defende sua causa. Se tiver sorte, algumas migalhas lhe serão atiradas. Aqueles que são menos afortunados saem sem nada, exceto pelo orgulho perdido para mostrar que seus esforços não valeram nada.

Pedir um aumento não tem de ser assim nem deve parecer que se está implorando. Há ocasiões na vida em que é perfeitamente adequado pedir um aumento ao seu chefe (veja a relação a seguir). Obviamente, pedir não garante que você receba o aumento, mas não pedir provavelmente vai garantir que você não ganhe mais dinheiro. Sim, sei que há políticas sobre a época em que os empregados têm direito a aumentos salariais, mas essas regras são sempre desrespeitadas. Como eu sei disso? Porque uma vez fui a pessoa responsável por processar esses aumentos salariais. Nunca é fácil pedir um aumento e, em tempos de retração econômica, é mais difícil ainda. Todavia, você é a pessoa que, em última análise, é responsável por seu salário. Raramente você terá mais de uma chance de pleitear um aumento, portanto certifique-se de aproveitar ao máximo essa oportunidade.

## Avaliações anuais não são mais anuais?

Em organizações de espírito empreendedor, a ideia de avaliação anual pode ser ultrapassada; antes de solicitar a sua, assegure-se de que o conceito ainda existe em sua empresa. "Em empresas de profissionais empreendedores, a ideia de aumentos anuais pode ser vista como um fator negativo. Gosto de ver as pessoas motivadas pelo progresso e realizações. Sou mais propensa a dar um aumento por um trabalho benfeito durante um período, seja três meses ou dois anos", afirma Sarah White, fundadora, presidente e diretora de Informações da Six Red Marbles. Parece que empresas maiores são mais sistemáticas em seu sistema de remuneração. De tal maneira que, ao longo do tempo, esses aumentos parecem mais aumentos do custo de vida.

Em tempos de economia difícil, muitas empresas ignoram os aumentos anuais de salário, de modo geral para manter as despesas sob controle. Normalmente, a empresa anuncia um congelamento salarial. Entretanto, a minha experiência é que os executivos *encontrarão* o dinheiro, se estiverem em risco de perder um profissional valioso.

### POR QUE *AGORA* É HORA DE PEDIR UM AUMENTO

Eis situações em que você deve se sentir bem à vontade para pedir aumento:

**Embuste** – O cargo envolve significativamente mais trabalho do que foi descrito quando você foi entrevistado.

**Atlas no local de trabalho** – O peso do departamento está sobre seus ombros, agora que metade dos funcionários foi demitida.

**Cobrando a promessa** – Você aceitou a remuneração atual na condição de que seria dado um reajuste em determinado prazo. O prazo já expirou.

**Você acertou em cheio** – Você fez um gol de placa e os admiradores estão aplaudindo. Negocie melhores condições salariais enquanto ainda é considerado um *superstar*.

**Perspectiva desanimadora de uma transferência** – Você se ofereceu para mudar para o escritório em que ninguém quer trabalhar. Você está em ótima posição para pleitear um aumento, especialmente se a empresa não tem ninguém mais disposto a se mudar.

**Abaixo do mercado** – Certas áreas podem ser mais favorecidas devido à oferta e procura. Se tiver certeza de que seu salário está abaixo do mercado, pense na possibilidade de pedir um reajuste, para se equiparar aos níveis atuais de remuneração.

Lembro-me da primeira vez em que pedi um aumento ao meu chefe. Eu tinha 19 anos e trabalhava para um escritório de advocacia numa função administrativa de início de carreira. Precisei de toda a coragem que pude reunir para entrar na sala do advogado e pedir um aumento de mais US$10 semanais. Ele disse que tudo bem, e eu saí pensando que, afinal, não fora tão ruim. Mais tarde, lamentei não ter pedido mais. O advogado sabia que o dinheiro que me pagava valia a pena. Ainda assim, orgulhei-me de pelo menos ter tido coragem para abordar esse assunto difícil. Agindo assim, eu também acrescentei uma nova habilidade ao meu portfólio – pedir um aumento salarial.

## O que você precisa fazer antes de pedir um aumento

Preparação, planejamento e momento oportuno são igualmente importantes quando se pede um aumento salarial, juntamente com a atitude correta. Vamos começar com a preparação. O primeiro passo para conseguir um aumento é preparar a documentação de que precisará para respaldar seu caso. Eis alguns tipos de informação dos quais você deve se munir antes de fazer sua abordagem.

### SAIBA QUANTO DEVE SER SUA REMUNERAÇÃO

Para evitar cometer o mesmo erro que eu, saiba seu valor. Isso é muito fácil de fazer, pois você pode usar recursos disponíveis na internet. Alguns de meus favoritos são os sites Payscale.com ou Salary.com. Entretanto, como quase tudo na vida, você recebe pelo que paga. Quando esta página foi escrita, esses sites eram gratuitos. Portanto, você não tem ideia da frequência com que seus dados são atualizados e seu cargo pode não corresponder perfeitamente aos cargos do banco de dados. (Observação: quando os empregadores procuram informações salariais, eles geralmente contratam uma empresa de consultoria que tem experiência para compatibilizar perfeitamente os cargos, pois seus nomes podem induzir ao erro. Essas empresas também examinam informações de várias pesquisas e atualizam os dados para que as informações salariais fornecidas ao empregador reflitam condições atuais.)

A menos que você seja especialista em remuneração, provavelmente não será capaz de interpretar corretamente os dados salariais fornecidos por esses sites ou pesquisas salariais. Eis o que quero dizer. Suponha que você entre no Salary.com e descubra que o salário médio para seu cargo é de US$52 mil por ano. A maioria das pessoas imprime essa folha e invade a sala do chefe exigindo um aumento. Obviamente, quase todos vão parecer idiotas. Eis o porquê. A maioria não olha o mínimo da faixa, embora, como gerentes iniciantes, é exatamente onde eles se enquadram. Em vez disso, eles se concentram no valor médio, que é onde se enquadraria um funcionário que desempenha o cargo com *total* competência. A maioria dos funcionários precisará de cinco anos de experiência no cargo para alcançar um patamar mínimo.

Certamente é muito útil estar familiarizado com as faixas salariais pagas ao pessoal de sua área; apenas se certifique de que está olhando para o dado correto. Por isso recomendo usar a internet apenas como uma fonte de informação entre várias.

Muitas associações fazem pesquisas salariais com seus membros para manter os sócios informados das práticas atuais de remuneração. Os resultados geralmente são gratuitos para participantes e para membros pagantes. Essa é outra razão para participar de uma associação. Como acontece com as pesquisas on-line, lembre-se de que elas podem ou não ser úteis para você. Profissionais que são significativamente mais experientes terão seus dados misturados com os de pessoas menos experientes que você.

Outra forma de determinar seu valor é fazer algumas ligações para recrutadores de executivos. Forneça-lhes informações sobre seu cargo e formação, e pergunte-lhes que outras oportunidades existem para alguém com suas qualificações. Pergunte ao recrutador que tipo de faixa salarial alguém com sua experiência deve esperar. Não se surpreenda se ele lhe disser de cara que você está sendo mal pago. Tenha em mente que a função de um recrutador é fazer você mudar para outra empresa; se você ficar onde está, ele não receberá comissão. É menos provável que você deixe seu empregador, se estiver sendo bem remunerado.

## SAIBA SEU VALOR

Há diferença entre importância e valor. Suponha que você seja a única pessoa que pode gerenciar determinado departamento para sua empresa e que também possui um conjunto excepcional de habilidades que é muito difícil de encontrar. Isso o torna muito mais valioso do que alguém que é apenas mais um em uma profusão de gerentes, os quais poderiam ser facilmente substituídos amanhã.

É sua função lembrar seu chefe do valor que você agrega à empresa. Esteja preparado para explicar o que você tem feito pela companhia ultimamente, e não se esqueça de fazer isso usando dólares e centavos. Eis um exemplo: suponha que seu departamento seja responsável pelo recrutamento de profissionais de vendas para determinada divisão. Nos últimos três meses, você conseguiu economizar mais de US$100 mil em taxas de recrutamento por causa do programa de rede de relacionamentos que você instalou seis meses antes. Sua contribuição para o resultado final da empresa é evidente. Use essa informação (ou estatísticas semelhantes) para demonstrar como você mereceu seu salário e mais ainda. Sabe como é? Esse dado concreto certamente tem mais impacto do que apenas dizer ao seu chefe que você economizou dinheiro em recrutamento e que gostaria de receber uma parte dele.

Se suas realizações não resultaram em ganho financeiro para a empresa, descubra a melhor maneira de descrever o valor do que você fez. Você assumiu trabalho que aliviou a carga de trabalho de seu chefe? Contribuiu para projetos que melhoraram a imagem da empresa ou ajudaram a evitar uma grande crise de relações públicas? Você tem declarações de clientes que lhe fizeram altos elogios?

## AUMENTE SEU VALOR

Talvez você ainda não tenha chegado ao ponto em que está supervisionando projetos a que a empresa atribui grande valor. Isso não significa que você não pode aumentar seu valor. Você pode fazer isso aumentando seu conhecimento. Inscreva-se num curso que lhe dê um grau superior de educação. Ou procure obter um certificado que seja muito valorizado em sua área. (Observação: pesquise antes de procurar obter determinado certificado. Tornar-se certificado em algo que tem muito valor para outros membros de sua associação pode ser estranho e, portanto, pouco valorizado para aqueles que tomam decisões sobre contratação e remuneração.)

Compareça a seminários que ajudarão você a melhorar suas habilidades e conhecimento. Isso mostrará ao seu chefe que você é um profissional que vale a pena reter.

## Planejando a conversa

Lembra-se de quando era criança e atropelava o pensamento e as palavras, só para livrar-se do assunto? Não vá por esse caminho quando pedir um aumento, uma vez que a maior parte dos gerentes não gosta de surpresas. Esse tipo de conversa tem melhor resultado quando se tem um plano bem pensado. Pense na organização dos pormenores. É melhor conversar com seu chefe fora da empresa, para que haja menos interrupções? Há uma época do ano mais adequada para você ter essa conversa? Por exemplo, se trabalhar numa empresa de auditoria e contabilidade, qualquer momento entre janeiro e 15 de abril estaria fora de cogitação para esse tipo de conversa, pois a empresa precisa de todos para ajudar os clientes com as declarações de imposto de renda. Há determinados horários em que seu chefe parece estar mais acessível? Ele está mais tranquilo no horário do almoço, às sextas-feiras, ou é melhor conversar com ele pela manhã, antes que ele seja solicitado por meio mundo?

## *Timing* é tudo: as melhores ocasiões para pedir aumento

Escolher um momento para pedir aumento é muito parecido com tentar ultrapassar um caminhão na estrada. Depois que souber que tem a força necessária para ultrapassar, você precisa esperar o momento certo para fazer a manobra. Quando vir uma brecha, você precisa aproveitar ou pode demorar até que possa fazer nova tentativa.

É melhor tentar marcar sua reunião logo depois que a empresa anunciou bons resultados financeiros. Isso deixará seu chefe com uma razão a menos para recusar seu pedido. Segundas-feiras costumam ser uma loucura para as pessoas, então pense nisso antes de solicitar uma reunião para esse dia. O mesmo se aplica às sextas-feiras, pois seu chefe pode estar mais focado em sair do escritório a tempo de pegar a balsa das 17 horas para casa.

Em uma economia difícil, nunca pode parecer a hora certa de pedir, mas isso não deve impedi-lo de fazer uma tentativa. Muito provavelmente, agora estão lhe pedindo para trabalhar significativamente mais, com menos recursos. A empresa pode ter cortado pessoal, mas isso necessariamente não quer dizer que não existam recursos financeiros para aqueles profissionais que a empresa não pode se dar ao luxo de perder. Isso me leva à questão da atitude.

## Atitude

Você precisa acreditar que está merecendo esse aumento, senão os demais vão perceber sua jogada. É aqui que a segurança entra em jogo. Não basta ser bom. Você tem de ser excelente para receber um aumento fora de um ciclo de avaliação. Você acabou de ser promovido, então é provável que seja bom no que faz. Aprimore sua apresentação e entre na sala com segurança. Não fique completamente surpreso se a resposta que receber for um sim!

Deixe suas emoções do lado de fora quando entrar para pedir aumento. O chefe espera resultados, não drama. Abstenha-se de usar sua situação pessoal para pedir aumento. O fato de você ter mais duas bocas para alimentar não é o assunto aqui nem é problema de seu chefe.

Por mais acalorada que fique a discussão, não traga à baila o fato de que você sabe que dois outros gerentes receberam aumentos salariais recentemente, embora não estivesse na época de sua avaliação anual, ou poderá ser escolhido para fora da sala antes de terminar a frase. Atenha-se aos fatos (a lista de documentos que você reuniu para respaldar seu pedido), e tudo dará certo.

## Dinheiro não é tudo: como melhorar seu padrão de vida sem custar um centavo ao seu chefe

E se você receber um "não" como resposta ao seu pedido de aumento? Sem dúvida, você pode sair da sala pisando duro ou pode preferir voltar com um pedido de itens que melhorarão seu padrão de vida sem aumentar a folha de pagamento de seu chefe. Eis algumas ideias que vale a pena considerar.

**Peça mais tempo de férias** – Meu mentor, Alan Weiss, define riqueza como "tempo livre", e eu concordo plenamente. Conheço uma porção de gente que ganha salários de seis dígitos e que decididamente não têm uma vida. Isso porque precisam trabalhar um número excessivo de horas para permanecer nesse nível salarial. Talvez algum dia você acabe agradecendo ao seu chefe por recusar seu pedido.

A questão é a seguinte. Período de férias é algo que geralmente se negocia na hora da contratação. Talvez você não soubesse disso e aceitou o que foi oferecido. Mas isso não significa que esse item não seja mais negociável. Verifique se seu chefe pode lhe fornecer férias adicionais remuneradas ou, se necessário, mesmo sem remuneração, para que você possa usar esse tempo para enriquecer sua vida.

**Reembolso de mensalidades e taxas universitárias** – Eis outro segredo. A política da empresa especifica que pode haver reembolso de dada quantia para cursos de graduação ou de pós-graduação, mas essa importância pode variar dependendo do acordo que você fez. Eu me beneficiei pessoalmente dessa política. Quando fui promovida para diretora de recursos humanos, recebi um salário significativamente mais baixo que meu ex-chefe, a quem sucedi. Para mim, tudo bem, pois eu não tinha a experiência dele (na verdade, eu não tinha experiência *alguma*). Com o tempo, consegui negociar o reembolso total do meu curso de MBA, que eu fazia no período noturno. O ganho foi mútuo. Eu estava aprendendo coisas novas, que trazia para o trabalho diariamente, aumentando meu valor (e empregabilidade), e meu empregador estava economizando milhares de dólares na folha de pagamento.

Se estiver interessado em formação adicional, pense na possibilidade de pedir um reembolso maior do que aquele especificado na política da empresa, se o reembolso padrão não for suficiente para cobrir seus estudos. Não se esqueça de seminários e conferências externas. Três dias em Miami durante os gelados meses de inverno podem realmente ser muito melhores do que dinheiro vivo.

**Peça um cargo** – Quem disse que cargos não são importantes? Claro que são. Caso contrário, os funcionários somente receberiam números. Em muitas empresas, os cargos determinam o tamanho de sua sala, o percentual da participação no fundo de bônus, a cobertura administrativa a que você tem direito e outros privilégios, como conta de despesas e vaga reservada no estacionamento. Cargos também podem lhe dar condições de receber salários mais elevados mais à frente. Tenha alguns cargos em mente, caso seu chefe lhe pergunte qual você considera mais apropriado.

**Permissão para trabalhar em casa** – Se você é uma das centenas de milhares de pessoas presas no tráfego das autoestradas diariamente, talvez essa seja a oportunidade de escapar dessa situação enlouquecedora. Peça autorização ao seu chefe para trabalhar em casa vários dias por semana. Lembra-se do que falei sobre tempo livre e riqueza? Se ele aprovar, você acabou de depositar algumas horas em sua conta bancária.

## O que não fazer

Espero que você não precise dessas informações, mas é sempre bom estar preparado, caso não receba o que pediu. Não diga ao seu chefe que vai se demitir se não ganhar mais ou ele pode pagar para ver. "Pela minha experiência, quando a frase "Eu tenho outra oportunidade de trabalho" é dita, a maioria das pessoas já se decidiu pela mudança. Eu preferiria conversar primeiro, quando a insatisfação começou a se instalar", diz Sarah White. Abstenha-se de dizer ao chefe que você recebeu uma oferta mais elevada de outra empresa, se isso não for verdade, ou você pode se ver empacotando suas coisas para assumir seu novo emprego imaginário.

Se você está procurando meios de *não* pedir aumento, dê uma olhada em Como não Pedir um Aumento, a seguir.

### COMO NÃO PEDIR UM AUMENTO

Segundo uma pesquisa da Accountemps, empresa nacional de serviços temporários para profissionais de auditoria, finanças e contabilidade, os gerentes foram perguntados: "Quais foram os motivos mais incomuns apresentados por pessoas que se consideram merecedoras de aumento ou promoção?" Eis aqui algumas respostas:

- "Seria bom para o moral."
- "Um amigo de outra empresa recebeu a mesma quantia que estou pedindo."
- "Venho tentando ganhar salário de seis dígitos toda a minha vida."
- "Preciso pagar colégio particular para meu filho."
- "Minha taxa condominial aumentou."
- "Posso não ser produtivo, mas não falto ao trabalho."
- "Meu tio tem um alto cargo nesta empresa."

- "Preciso de mais dinheiro porque quero comprar um carro novo com bancos de couro."
- "Meu marido acha que eu devia ganhar mais."
- "Venho trabalhar todos os dias e ninguém mais faz isso."
- "Minha esposa está ganhando muito mais do que eu."
- "Não aguento mais minha vizinhança e preciso mudar para um lugar melhor."
- "Parei de almoçar devido à minha grande carga de trabalho."
- "Se eu ganhasse mais, poderia fazer doações para instituições beneficentes importantes."
- "Gostaria de abrir um aviário."
- "Achei que já era hora de pedir."

Usado com permissão de Accountemps.

---
### PRINCIPAIS PONTOS DE APRENDIZADO
---

- Não espere permissão para pedir aumento. Peça quando achar que tem uma boa razão para pedir.
- Pedir não garante que vai conseguir o aumento, mas não pedir provavelmente vai garantir que você não ganhe mais dinheiro.
- Pode haver ocasiões em que você se sente mais à vontade para pedir aumento. Exemplos dessas situações incluem quando lhe pedem para carregar nos ombros o peso do departamento depois de uma redução de funcionários, quando lhe prometeram um reajuste salarial que ainda não se concretizou, ou quando você acerta em cheio num projeto de alto valor para a empresa.
- Preparação, planejamento e momento oportuno são igualmente importantes quando se pede um aumento salarial, juntamente com a atitude correta.
- Quando se trata de pedir aumento, o segredo é a preparação. Prepare-se para explicar porque você merece o aumento antes de começar a conversar com seu chefe.
- Saiba seu valor. Sites como Payscale.com e Salary.com são bons recursos que podem lhe dar uma ideia das atuais faixas salariais. Lembre-se de que os números fornecidos referem-se a faixas e talvez não reflitam, necessariamente, seu atual nível de experiência. Convém também con-

tatar recrutadores de executivos em sua área para descobrir as atuais faixas salariais para seu cargo.
- Cabe a você lembrar o seu chefe do valor que você agrega à empresa. Esteja preparado para explicar em detalhes como suas contribuições afetaram positivamente o resultado final da empresa ou como você tornou a vida de seu chefe muito mais fácil.
- *Timing* é tudo. Escolha um momento em que seu chefe esteja mais acessível e mais propenso a dizer sim.
- Você precisa acreditar que está merecendo esse aumento, senão os demais vão perceber sua jogada. É aqui que a segurança entra em jogo. Seja confiante e peça o que acredita que merece.
- Há muitas maneiras de aumentar seu padrão de vida, que podem ser muito mais agradáveis do que um aumento salarial. Ideias incluem pedir mais tempo livre remunerado, reembolso adicional de mensalidades, um novo cargo e permissão para trabalhar à distância.
- Quando fizer uma solicitação de aumento, elabore-a de tal forma a mostrar ao seu empregador por que é de grande interesse da empresa concordar com o seu pedido. Dizer coisas como "Quero um aumento para comprar um carro novo" possivelmente não vai resultar em aumento salarial, especialmente quando sua função não envolve condução de veículos. Concentre-se no motivo pelo qual lhe conceder um aumento é de grande interesse da empresa e é muito mais provável ter sua solicitação atendida.

*Sempre que se defrontar com uma situação que, a princípio, pareça antiética, é melhor presumir que a intenção seja boa. Talvez você esteja interpretando mal o que estão lhe dizendo ou a pessoa que está lhe pedindo para fazer alguma coisa pode não ter percebido que há outro meio de alcançar o mesmo resultado. Pedir um esclarecimento como "Ajude-me a entender o que você está tentando realizar" ou fazer uma pergunta como "Qual é o problema que você está tentando resolver?" o auxiliará a definir sua linha de ação. Talvez você forneça uma solução honesta. Se o pedido é incompatível com suas convicções ou é realmente horrível, você tem obrigação de denunciá-lo. Se esse comportamento for norma na empresa, então é melhor você sair.*

*É importante observar que permanecer fiel a si mesmo não é apenas uma questão de continuar sendo ético. Trabalhar em um ambiente em que as pessoas não são tratadas de maneira compatível com seus próprios valores parece ser mais comum do que atos criminosos que são um claro desrespeito à lei. Tenho de trabalhar em um lugar alinhado com meus valores – um lugar onde as pessoas sejam tratadas de maneira respeitosa.*

Susan Grafton
*Vice-presidente, Controller e Diretora de Contabilidade*
*Best Buy*

CAPÍTULO 7

# Espelho, espelho meu

## Permanecer fiel a si mesmo

Os líderes deparam com situações que, não raro, colocam seus valores em jogo. Um exemplo é quando um gerente se vê numa situação que, ao que tudo indica, é antiética. A direção que ele escolher pode mudar sua vida para sempre. Ou talvez precise dizer ao superior que ele está errado, algo que nunca ninguém fez no histórico de sua gestão na empresa.

Como os gerentes experientes podem confirmar, é mais provável que você encontre situações em que será forçado a decidir se faz vista grossa ou encara a questão de frente. As decisões que tomar a respeito dessas situações moldará quem você irá se tornar como líder e como pessoa.

É de grande auxílio examinar algumas das situações mais comuns enfrentadas por aqueles que o antecederam, de modo que você esteja totalmente preparado para lidar com o que quer que lhe aconteça. Então, o bom seria examinar os outros casos antes que você se veja no meio de um deles.

## Nem tudo que reluz é ouro – situações difíceis que os gerentes enfrentam

Como ex-especialista em carreiras do Monster.com, estou ciente dos muitos tipos de situações difíceis que os gerentes enfrentam diariamente. Em minha função como especialista, eu desafiava nossos leitores a refletir sobre todos os possíveis resultados, antes de chegar a uma decisão sobre o que era certo para eles. Farei o mesmo aqui, de modo que vocês tenham um processo que possam seguir se enfrentarem situações semelhantes.

### SITUAÇÃO NÚMERO 1: SEI QUE MEU CHEFE ESTÁ PROCURANDO EMPREGO

Pode ser uma situação difícil para gerentes iniciantes, pois você espera que seja você a deixar seu chefe e não o contrário. Mas os chefes também são pessoas (embora possa haver momentos em que você questione isso), e haverá ocasiões em que fará sentido seu chefe procurar outra oportunidade (veja o Capítulo 8).

Antes de decidir seu próximo passo, pergunte-se o seguinte:

- Que indícios eu tenho de que meu chefe está efetivamente procurando um novo emprego?
- Que problema há nisso?
- A saída de meu chefe deixará a empresa em uma situação especialmente vulnerável, se isso for revelado depois, e não antes?
- Se a saída dele não for prejudicar a empresa, como posso usar essa informação a fim de me posicionar para ser seu substituto?
- Como eu gostaria que os outros lidassem com esse assunto se eu estivesse no lugar do chefe?

Agora, que você respondeu a essas perguntas, deve estar claro para você como proceder. Por exemplo, se o único indício que você tem de que seu chefe está procurando emprego são boatos, então é melhor não fazer nada. Boatos brotam o tempo todo sobre idas e vindas de pessoas, e você certamente não quer ser visto como alguém que participa da boataria. Ou, se a empresa não for afetada caso altos executivos descubram depois, e não antes, o resultado falará por si. Mas, e se não contar nada prejudicar a empresa? Contanto que você tenha provas, sua aliança deve ser com a empresa. Contudo, antes de prosseguir, é melhor confirmar se a alta direção já não está ciente de que um de seus principais elementos está procurando jogar em outro time.

Como ex-diretora de RH, posso afirmar que acordos na cúpula são fechados o tempo todo. Seu chefe pode ter um "acordo de cavalheiros" com seu superior, referente à sua saída. Eles podem ter acordado que é melhor para seu chefe procurar um novo emprego enquanto a empresa procura um substituto. Por essa razão é importante ter um diálogo aberto e franco com seu chefe *antes* de levar o assunto à diretoria. A última coisa que você quer é parecer alguém que trairia o chefe sem pensar duas vezes.

## SITUAÇÃO NÚMERO 2: UM POUCO DE ENCHEÇÃO DE LINGUIÇA NUNCA FEZ MAL A NINGUÉM, CERTO? O QUE FAZER SE SEU CHEFE ESTÁ INFLANDO SUA CONTA DE DESPESAS DE REPRESENTAÇÃO?

Alguns afirmariam que, se é só uma questão de alguns dólares por semana, não é assunto merecedor de maior consideração. Mas, se seu chefe está desviando alguns dólares em vários lugares, provavelmente outros recursos estão sendo distribuídos indevidamente.

Perguntas que merecem ser feitas para ajudá-lo a decidir incluem:

- Que evidências eu tenho de que meu superior está inflando sua conta de despesas?
- Pode haver uma razão de negócios para essa conduta?
- Como posso contextualizar isso de maneira que não pareça que estou acusando meu chefe de roubo?
- Minha empresa tem algum mecanismo pelo qual, se eu preferir, posso relatar essa informação anonimamente?
- Como eu aconselharia meu filho se ele estivesse nessa situação?
- No fim das contas, trata-se de alguém para quem quero realmente trabalhar?

Relatórios de despesas são aquelas zonas nebulosas que algumas empresas usam para fornecer remuneração adicional quando não é possível distribuir bônus ou aumentar níveis salariais. Trabalhei em empresas em que você "tinha permissão" para usar o cartão de crédito da empresa para encher o tanque de seu carro pessoal. Esses cartões de crédito eram distribuídos a executivos em lugar de carros da companhia. Ou você era incentivado a sair com sua esposa para uma noite agradável, depois de trabalhar em uma atividade da empresa que o afastou de sua família. Agora você percebe por que é importante entender claramente as regras "implícitas", antes de correr para a sala do *controller* com a planilha nas mãos, que mostra cada centavo mal gasto.

Suponhamos, por um instante, que você já fez a devida investigação e que, efetivamente, seu chefe está roubando. Eticamente, você não tem alternativa a não ser informar o superior de seu chefe sobre suas descobertas. Transmita a informação e deixe a natureza seguir seu curso. Documente todas as ocorrências que levaram a esse momento e mantenha-as em um lugar seguro. Nunca se sabe se você precisará dessas informações para se proteger.

Não vou aconselhá-lo a ficar de braços cruzados e continuar trabalhando como se nada tivesse acontecido, pois não seria um conselho prudente. Quando acusar seu chefe de roubar (mesmo que isso seja verdade), você se coloca em uma posição extremamente vulnerável. Se a situação não for administrada devidamente e contarem ao seu chefe que foi você quem fez a acusação, você correrá o risco de perder o emprego. Seria uma boa ocasião para deixar seu currículo em ordem e começar a ativar sua rede de contatos, pois poderá precisar deles antes do que imagina.

Proteger-se não é uma boa razão para se omitir. Quando se sentir tentado a fazer isso, pense no exemplo clássico da Enron, em que o silêncio e a ganância levaram à ruína da empresa, o que, por sua vez, mudou a vida tanto de funcionários quanto de investidores, que perderam tudo. Talvez a tragédia pudesse ter sido evitada se alguém tivesse aberto o jogo e dito: "Tem algo errado aqui."

## SITUAÇÃO NÚMERO 3: ACOBERTANDO SEU CHEFE – O QUE FAZER QUANDO SEU SUPERIOR LHE PEDE PARA MENTIR?

A vida é boa. Você acabou de ser promovido para a gerência. Você tem um ótimo pessoal em sua equipe e, pela primeira vez em muito tempo, está trabalhando para uma empresa em que imagina permanecer para sempre. Isto é, até que seu chefe lhe peça para mentir para limpar sua barra.

Quando se trata de mentir, um pouco de prevenção pode afastá-lo desse apuro. Se você deixar claro desde o início que é uma pessoa honesta, será muito mais difícil seu chefe lhe pedir para mentir. Eis o que quero dizer. Suponha que você seja o tipo de pessoa que, de vez em quando, conta uma "mentirinha branca". Talvez você tenha faltado muitas sextas-feiras, alegando que estava "doente". Seu chefe sabe disso e fez vista grossa. Ele suspeita que você não é tão virtuoso, então imagina que não ficará ofendido com o seu pedido. Além disso, ele acha que você lhe deve. Ele jamais lhe pediria para mentir por ele se acreditasse que você se sentiria ofendido. Aposto que agora alguns de vocês desejariam nunca ter avisado que estavam doentes para ir visitar um amigo.

Vamos supor que você sempre agiu corretamente e ainda assim lhe pedem para mentir. Eis como você deve responder: "O senhor pode não se dar conta, mas acabou de me pedir para mentir para alguém. Não me sinto à vontade fazendo isso, porque os resultados serão [A, B e C]. Por favor, não me peça isso novamente." Seu chefe, provavelmente, voltará atrás e lhe pedirá desculpas. Agora, você pode voltar a sonhar acordado sobre a festa de aposentadoria que a empresa organizará para você daqui a 25 anos.

## SITUAÇÃO NÚMERO 4: O CHEFE ESTÁ ENGANANDO OS ACIONISTAS

Se você tem provas de que seu chefe está informando incorretamente custos e receitas ou fraudando os números de qualquer outra forma, então você deve fazer o que é eticamente certo. Passe essas informações às pessoas que possam tomar medidas adicionais. Funcionários de empresas públicas podem buscar proteção no Artigo 806 da Lei Sarbanes-Oxley, que defende denunciantes de retaliação. Funcionários de empresas privadas devem levar o assunto a alguém de confiança na empresa, que possa iniciar o processo de investigação. Apesar da proteção legal, fazer uma acusação como essa possivelmente interromperá sua carreira no atual empregador. Entretanto, passar seus dias procurando um novo emprego certamente é melhor do que se sentar numa sala de tribunal na condição de cúmplice.

## SITUAÇÃO NÚMERO 5: MEU CHEFE HUMILHA AS PESSOAS NA FRENTE DOS OUTROS

Como ressalta Susan Grafton, vice-presidente, *controller* e diretora de contabilidade da Best Buy, permanecer fiel a si mesmo vai além de situações claras de atividades criminosas das quais podem lhe pedir para participar. Você pode ter a sorte de não ser alvo da ira de seu chefe ou talvez esse comportamento não o incomode tanto quanto a seus colegas de trabalho. Mas, se seu chefe humilha publicamente seu pessoal, a situação pode ter um impacto negativo; se você estiver incomodado com a conduta de seu superior, então há incompatibilidade entre seus valores e os dele.

Falamos um pouco sobre o Gritão no Capítulo 4, mas porque para muitas pessoas trabalhar nesse tipo de ambiente pode provocar um dilema ético, achamos que vale a pena voltar ao assunto.

Se seu chefe é o único gritão na empresa, então talvez você possa usar essa situação para aprender o que não fazer, agora que está no comando. "Concentre-se no que está aprendendo, enquanto prepara seu plano de como deixar de ser subordinado a essa pessoa", observa Grafton. O raio de esperança aqui é que você está aprendendo a enfrentar situações adversas e a contrabalançar a precariedade da alta gerência. É bom ter essas habilidades à medida que progride na empresa. "Você escolhe como se destacar. Enfoque coisas positivas. Você pode se controlar, bem como suas reações em relação às pessoas. Você não pode controlar o que os outros fazem. Diga para si mesmo: 'Vou descobrir um meio de me relacionar melhor com essa pessoa'", aconselha Grafton.

Se esse comportamento predominar em toda a empresa, você deve decidir se está disposto a deixar que as pessoas o molestem. A confiança em suas qualificações e capacidade lhe dará condições de deixar a empresa imediatamente. Você descobrirá que são geralmente os mais fracos que permanecem e continuam sendo vítimas.

## SITUAÇÃO NÚMERO 6: LIDANDO COM UM CHEFE QUE ESTÁ ERRADO

Como dizer ao seu chefe que ele está errado? Faça isso com muito cuidado. Em situações como essa, a forma de transmitir a mensagem quase sempre é muito mais importante do que seu conteúdo. Primeiro, você deve escolher suas batalhas cautelosamente. Talvez as projeções do chefe estejam incorretas em um ou dois pontos percentuais, certamente não o bastante para fazer grande diferença. Você quer realmente enfrentar isso? Obviamente, se seu chefe está estimando um crescimento de 20% da receita, quando o número real é 2%, certamente você tem obrigação de deixá-lo a par da discrepância. Esse tipo de situação é bastante claro. Mas o que acontece quando o chefe lhe diz para implementar uma nova política e, depois de experimentar, você perceber que a política está causando mais danos que benefícios?

Eis algumas medidas para lidar com essas situações:

1. **Dê uma chance para que a nova política se consolide**. Às vezes, demora um pouco para as pessoas se adaptarem à mudança.
2. **Peça permissão**. A última coisa que você quer é torpedear seu chefe, surpreendendo-o com seu palavreado bombástico. Peça-lhe permissão para transmitir suas informações, de modo que ele se prepare para o que, provavelmente, serão notícias negativas.

3. **Analise sua motivação.** Sua intenção é melhorar o ambiente de trabalho ou provar ao seu chefe que você estava certo quando disse que a política nunca daria certo? Esse tipo de conversa produz resultados muito melhores quando seu objetivo está alinhado ao de seu chefe. Nesse caso, isso estaria melhorando o ambiente de trabalho.
4. **Diga algo positivo.** É sempre melhor começar a dar feedback com um ou dois pontos positivos. Por exemplo, nessa situação você pode dizer algo como: "Uma das coisas que mais respeito em você é que você nunca tem receio de experimentar coisas novas." Você pode então prosseguir, explicando por que nesse caso em especial a situação não está funcionando como planejado.
5. **Trate o chefe como gostaria de ser tratado.** Abstenha-se de ser confrontador e atribuir culpa. Em vez disso, procure meios de trabalhar juntos para alterar a política ou eliminá-la completamente.
6. **Forneça exemplos concretos.** Dizer ao chefe que muitos clientes não gostam da nova política pode apenas reforçar a atitude defensiva dele. Em lugar disso, dê exemplos específicos do impacto que a política está tendo nos clientes. Se seu chefe aprecia recursos visuais, use gráficos e tabelas para comprovar seu caso.
7. **Tente novamente.** Às vezes, é tudo uma questão do momento certo. Seu chefe pode precisar de tempo para processar o feedback ou as evidências adicionais de que a política não está dando certo. Peça permissão para voltar ao assunto em algumas semanas se a situação não estiver melhorando.

## Permanecer realista

Líderes bem-sucedidos sempre se fazem perguntas difíceis para manter o rumo, num mundo em que muitas empresas saem de órbita. Eis algumas perguntas que você deve se fazer de vez em quando:

- Sinto-me à vontade com o estilo de liderança de minha empresa?
- Tenho orgulho de quem me tornei? Essa pessoa reflete quem sou verdadeiramente?
- Eu me imponho suficientemente ou me tornei receoso de revidar?
- Sou muito politicamente correto?
- A preocupação com minha próxima promoção ou bônus faz eu me abster de fazer perguntas quando vejo algo que não parece correto?

- Meus valores continuam alinhados com os da empresa?
- Ainda tenho orgulho de chamar esta empresa de minha empregadora?

Se você estiver muito perto do espelho, as imagens que verá ficarão distorcidas. É útil se afastar de vez em quando para obter uma nova perspectiva. Isso lhe permitirá tempo suficiente para preparar um novo plano de ação, se e quando você achar que o plano atual não está mais funcionando.

--- **PRINCIPAIS PONTOS DE APRENDIZADO** ---

- Sempre que se defrontar com um dilema ético, é melhor pressupor boas intenções. Talvez você tenha interpretado mal o que foi solicitado ou a pessoa que fez o pedido não percebeu que havia outro meio de alcançar o mesmo resultado. Fazer uma afirmação esclarecedora como "Ajude-me a entender o que está tentando realizar" ou fazer perguntas como "Que outras opções você considerou?" podem ajudar a aclarar a situação e permitir que você avance de maneira ética.
- É fácil ser dominado pelo deslumbramento associado à gerência, mas, no fim, você precisa gostar do que vê quando se olha no espelho. Analisar situações comuns enfrentadas por aqueles que o antecederam lhe permitirá refletir sobre suas próprias respostas, caso se defronte com situações semelhantes.
- Diante de dilemas éticos, é natural que primeiro queira se proteger a todo custo. Nessas situações, antes que você decida permanecer em silêncio, peço-lhe que pense sobre como suas ações (ou inércia) afetarão outras pessoas.
- Parece que, quanto mais se sobe na empresa, maiores os riscos. Líderes bem-sucedidos sempre se fazem perguntas difíceis para assegurar que permaneçam realistas. Quando param de fazer isso, muitos não reconhecem mais seu rosto no espelho.
- Afaste-se do espelho de vez em quando para assegurar que a imagem que está vendo não fique distorcida. Essa tática o ajudará a obter uma nova perspectiva, à medida que continua subindo na empresa.

*Você precisa ter consciência do ambiente ao seu redor. Você começa a trabalhar em uma empresa com a melhor das intenções. Pouco a pouco, você vê que responsabilidades lhe são tiradas ou sua função é mudada de uma maneira que não seja de seu interesse. Como qualquer relacionamento, é necessário reavaliar para ver se ele continua dando certo para você.*

*Com frequência, há sinais que indicam que talvez seja hora de revisitar sua situação. Talvez sua empresa esteja terceirizando. Pedem-lhe para reduzir despesas ou para fazer mais com menos. Ou você percebe uma mudança no relacionamento com seu chefe. Não é mais agradável conversar com o seu chefe ou ele não se sente à vontade conversando com você. Os outros talvez lhe digam que é sua impressão, mas impressão é realidade.*

Jay Scheiner
*Diretor de Administração*
*Barrett Distribution Centers*

CAPÍTULO **8**

# Sete sinais de que seu tempo se esgotou

## Saber quando é hora de partir

Por que é fácil perceber quando alguém ao nosso redor está para ser demitido, embora não reconheçamos esses sinais quando acontece conosco? Talvez estivéssemos muito ocupados observando as ondas de demissões, uma das quais acabou nos levando. Ou, talvez, estivéssemos esperando modificar radicalmente uma situação que deu errado. Na maioria dos casos, é melhor sair por si mesmo, pois você controla o resultado final. Entretanto, há vezes em que é melhor aguardar a tempestade que se avizinha, para que possa receber um generoso presente de afastamento quando sair. O segredo é ser dotado de objetivo e permanecer no controle de seu destino. Conhecer os sinais que indicam uma mudança em seu futuro imediato lhe dará condições de criar o desfecho que lhe for mais conveniente.

## Sete sinais de que seu tempo se esgotou

Anos de experiência me ensinaram que, quase sempre, há sinais de alerta que indicam que uma mudança está prestes a ocorrer. Eis sete dos sinais mais comuns de que seu tempo está rapidamente chegando ao fim.

### SINAL NÚMERO 1: VOCÊ NÃO É MAIS INFORMADO

Essa situação pode ocorrer de diferentes formas, mas o final é sempre o mesmo. Você costumava ser convidado para participar de reuniões a portas fechadas, em que assuntos altamente confidenciais eram discutidos. Ultimamente, você nota que as persianas ficam fechadas na sala de reunião, embora observe isso *do lado de fora* da sala.

Lembro que isso me aconteceu quando fui demitida pela primeira vez. Trabalhando em recursos humanos, eu estava a par de todas as admissões e demissões da empresa. Então, um dia eu não tinha mais acesso a essas informações. Reuniões de que eu normalmente participava eram realizadas sem a minha presença. Analisando hoje, eu deveria ter percebido que alguma coisa estava acontecendo, mas, em vez disso, preferi cuidar de meus assuntos como se nada tivesse mudado. Duas semanas mais tarde, foi o fim do mundo para mim quando recebi o aviso de demissão.

Quando Tracy O'Connell, professora adjunta de Comunicação de Marketing da University of Wisconsin-River Falls, trabalhou no mundo corporativo, ela passou de profissional valorizada (segundo comentários de superiores e avaliações de recursos humanos, promoções, e assim por diante) para alguém que, aparentemente, estava de saída. Ela percebeu que já não fazia parte do grupo quando reuniões com o chefe eram canceladas, telefonemas ou e-mails não eram mais respondidos, e o chefe geralmente já não estava disponível para ela. "Ficava do lado de fora da porta, esperando uma chance de fazer talvez uma só pergunta, conseguir avançar num único assunto. Era como um *paparazzo* espreitando uma celebridade", afirma O'Connell.

Se sua intuição lhe diz que alguma coisa mudou e sua mente tenta convencê-lo de que é tudo sua imaginação, então vale a pena investigar mais. Pela minha experiência em assuntos como esse, sua intuição geralmente está certa. Isso explica por que muitas vezes ouvimos as pessoas dizerem "Eu sabia! Eu sentia que isso ia acontecer" enquanto fazem o desfile de acusadas em direção à porta de saída, escoltadas por um segurança.

## SINAL NÚMERO 2: O CHEFE LHE PEDE PARA TREINAR UM "SUBSTITUTO"

Seu chefe lhe pede para que treine um "substituto". No trabalho, é comum ouvir "Precisamos ter alguém treinado para o caso de você ser atropelado por um ônibus", embora seja raro ouvirmos falar de pessoas que efetivamente são mortas por ônibus desgovernados. Em geral, isso é um código para: "Cara, você está na porta da rua. Preciso garantir que outra pessoa possa fazer seu trabalho antes de despedi-lo." Se estiver nessa situação, você tem várias alternativas. Pode fazer o que lhe pediram sem fazer perguntas ou montar uma estratégia para abordar o chefe e saber por que ele está fazendo esse pedido. Na maioria das situações, os funcionários preferem a primeira opção, pois ela evita conflito, embora a segunda opção seja claramente a melhor alternativa.

Eis por que você deve conversar francamente com seu chefe. Suponha que você abordasse seu chefe de maneira não confrontadora e lhe revelasse suas preocupações. Isso pode abrir um diálogo com possibilidade de aprender mais sobre áreas em que poderá mudar para melhor e impedir o recebimento de um aviso de demissão prematuro. Ou, talvez, você consiga negociar um acordo de ganho mútuo. Eu já fiz isso, e funciona muito bem quando devidamente executado.

Quase todo chefe faz qualquer coisa para evitar demitir funcionários. É desagradável e não o apresenta da maneira exatamente mais favorável perante seus pares, funcionários ou, em alguns casos, a diretoria. Portanto, se examinar a situação do ponto de vista de seu chefe, na verdade está lhe fazendo um favor ao lhe apresentar uma situação em que todos saem ganhando.

É muito mais difícil preencher um cargo quando o seu ocupante não foi informado de que seu tempo se esgotou. Você pode sugerir ao seu chefe que ao longo dos próximos três meses (ou qualquer que seja o tempo que acha de que precisará) você continuará desempenhando sua função, enquanto monta um manual detalhado de procedimentos ou guia de treinamento para seu substituto. Ofereça-se para permanecer e ajudar a treinar seu substituto. (Não importa se ele preferir que você não fique.) Em troca, peça permissão para apresentar seu pedido de demissão, tempo livre para entrevistas e quaisquer outras condições que consiga negociar, tal como o bônus que deverá ser pago no mês seguinte. Então, isso não parece mais fortalecedor do que fingir que efetivamente pode haver um aumento no número de ônibus exterminando gerentes de nível médio nos próximos seis meses?

## SINAL NÚMERO 3: SUA EMPRESA ESTÁ INDO A PIQUE

O dono da empresa recentemente colocou um dispositivo no termostato do escritório para economizar nas contas de aquecimento e refrigeração? Agora você tem de trazer material de escritório de casa para o trabalho? Ou, ainda pior, a instalação fabril permanece inativa enquanto todos esperam por um milagre? A empresa está perdendo contratos que eram garantidos? Há todos os sinais de que os dias de glória da empresa podem estar no passado.

É pouco provável que uma empresa que passou por dificuldades financeiras possa se recuperar rapidamente. Você pode ser forçado a tomar medidas o quanto antes, especialmente se for chefe de família. Não é exatamente algo ruim. Não raro, ser o primeiro a sair pode ser uma boa manobra estratégica. Você entra no mercado de trabalho antes que ele seja inundado por outros candidatos de seu setor ou especialidade. Todavia, você não precisa sair para explorar suas opções. Você pode enviar propostas para ver se consegue informações. Ou pode ir mais longe e fazer uma pesquisa de emprego mais completa enquanto continua recebendo seu contracheque.

## SINAL NÚMERO 4: BARREIRAS AUTOIMPOSTAS LIMITAM SUA EMPRESA

O gerente de produtos Donald Lester descreve uma situação de impasse que é muito comum: "Nossa equipe de vendas foi solicitada a aumentar as vendas em mais de 25% ao ano. O problema é que nossas instalações de produção estão no limite da capacidade, o atendimento de pedidos está muito atrasado e os clientes estão ficando exasperados e deixando a empresa. Se seu salário ou bônus está atrelado a vendas, nessas circunstâncias, é hora de sair. As coisas não vão melhorar porque a alta direção não está disposta a gastar o dinheiro necessário para expandir e, em vez disso, recorre a artifícios como enviar memorandos dizendo que todos precisam se esforçar mais. Nessa situação, você nunca ganhará mais dinheiro por seu esforço de aumentar as vendas. É hora de partir."

Nem todos que dirigem uma empresa são especialistas, e vários líderes de hoje nunca passaram pela experiência de trabalhar durante uma recessão. Muitos preferem se agarrar ao dinheiro, sem considerar devidamente o que isso pode significar a longo prazo. Um exemplo perfeito de uma empresa que cometeu esse erro é a agora extinta Circuit City, varejista de artigos eletrônicos. Quando a economia começou a desacelerar, a empresa decidiu livrar-se de seus 3.400 mais bem pagos (e certamente mais eficazes) funcionários de vendas, para reduzir custos. Essa medida abriu os portões para os concorrentes, como Best Buy, contratarem esse pessoal de vendas excepcional e ganhar terreno. Quando a espiral da morte começou, foi impossível parar.

Se não acredita mais nas decisões tomadas na cúpula da empresa, então está na hora de encontrar uma organização em que você confia que as luzes continuarão acesas no futuro.

## SINAL NÚMERO 5: SUA EMPRESA ESTÁ EM PROCESSO DE FUSÃO OU DE AQUISIÇÃO

Em caso de fusão ou aquisição, parece fácil fazer os cálculos, embora muitos calculem mal como as coisas irão terminar. Suponha que você seja gerente de marketing e a empresa adquirida já tenha um. Qual é a probabilidade de a empresa precisar de dois gerentes de marketing? Se eu estivesse em Las Vegas, diria que as chances vão de poucas a nenhuma. Ainda assim, os funcionários jogam os dados todo dia, pensando que serão aqueles que sobreviverão à transição. Essas mesmas pessoas ficam chocadas quando descobrem, depois de tudo, que não tinham a mão vencedora.

Jill Wade, CEO da Axiom Business Advisors, LLC, já viu muitas fusões e aquisições na vida para saber que é hora de examinar suas opções quando você percebe que não tem mais funções claras. "Isso acontece em muitas fusões e aquisições. Você se torna uma peça sobressalente", observa Wade.

O momento de começar a se preparar para uma possível saída é quando a empresa faz um anúncio relativo a uma fusão ou aquisição. Donald Lester fala sobre uma época em que trabalhava para uma empresa em processo de fusão. O pessoal-chave viajou até seu local de trabalho e declarou que os empregos de todos estavam seguros. "Depois de três dias do anúncio, você percebe que faltam várias pessoas, e o ciclo se repete. Nosso *campus* tinha mais de três mil funcionários antes de a fusão começar. Quando eu saí, eu era uma das 75 pessoas remanescentes, e eles continuavam nos dizendo que nossos empregos estavam seguros." Use a cabeça. Ponha as coisas em andamento. O pior que pode acontecer é você ter um plano pronto para ser executado sem aviso prévio.

## SINAL NÚMERO 6: SEU CHEFE É DEMITIDO

Sempre que alguém acima de você é demitido, haverá alguma turbulência. Alguns se saem bem e atravessam a situação sem problemas, enquanto outros parecem que vão desabar a qualquer momento. Se tiver disposição para isso, você pode optar por permanecer e superar.

É importante estar ciente de forças externas que podem acabar tirando essa decisão de suas mãos. Eis o que acontece quando o chefe é demitido: seu departamento pode ser fundido com outro, o que pode resultar na eliminação de seu cargo. Ou a empresa pode nomear um novo chefe, que traz com ele seu próprio pessoal. Se você for estreitamente alinhado com seu chefe, também pode acabar sendo demitido. Ou pode acabar ficando até perceber que não concorda plenamente com o novo chefe.

### SINAL NÚMERO 7: NÃO HÁ MAIS PARA ONDE IR

Em algum momento, você pode perceber que já chegou até onde é possível na atual empresa. É provável que isso aconteça mais cedo que o previsto, se você trabalha em uma empresa bem pequena ou familiar (a menos, é claro, que se case dentro da família!). Embora transições sejam difíceis para algumas pessoas, a maioria concordaria, em retrospecto, que sair na hora certa foi uma das melhores coisas que poderiam ter feito pela carreira.

## Sair com dignidade – e talvez com um cheque nas mãos

Se tirar apenas uma coisa deste capítulo, que seja esta: *Dê sempre pelo menos duas semanas de aviso prévio.* Não importa se seu novo empregador o está pressionando para começar amanhã ou se você adoraria deixar seu chefe em apuros na saída. Dê o aviso prévio adequado. O mundo pode parecer enorme quando você está iniciando na gerência, mas, à medida que envelhece, verá o quão pequeno ele é. Algum dia, no futuro, você estará procurando emprego. Seu antigo chefe será contatado, quer você queira ou não, embora você talvez nunca chegue a esse estágio se o gerente contratante descobrir que você deixou na mão seu empregador anterior. Isto dito, esteja preparado para sair no mesmo dia em que pedir demissão. A maioria dos empregadores pagará o aviso prévio, mesmo que não lhe peçam para trabalhar nesse período. É sempre possível ligar para seu novo empregador e antecipar sua data de início, se descobrir que estará disponível antes do esperado.

A política da empresa pode especificar que os funcionários têm direito a receber X, Y e Z quando saem da organização, quando, na verdade, muitos também recebem U, V e W. Meu lema é: se você não pede, não recebe. A seguir estão alguns benefícios que você pode pedir. Poderá pedir para permanecer na folha de pagamento enquanto receber a indenização por afastamento. Dessa forma, poderá manter seu seguro-saúde por mais tempo. Poderá pedir que a empresa pague o curso no qual se matriculou, embora não seja mais funcionário no dia em que o concluir. Se a empresa estiver preocupada que você leve o caso a um advogado, ela poderá oferecer, de bom grado, um pacote de desligamento que incluirá muito mais dinheiro do que foi acertado inicialmente. Contudo, na maioria dos casos, isso exigirá que você assine um acordo de desligamento que libere a empresa de responsabilidade atual e futura. Observação: você deverá *sempre* consultar um advogado antes de assinar um acordo de desligamento.

## Conseguir referências antes de precisar delas

As pessoas sempre me perguntam como conseguir referências quando se foi dispensado. Eu lhes digo que isso é extremamente difícil depois do fato. Por isso é crucial conseguir referências *antes* de sair. Pergunte ao seu chefe se ele está disposto a escrever uma pequena carta de referência. Ressalte aquelas áreas em que você se distinguiu e peça-lhe para incluir isso na carta. Melhor ainda, ofereça-se para rascunhar a carta para aprovação dele.

Muitos de vocês talvez estejam pensando que ninguém leva cartas de referência a sério. Afinal, por que alguém mostraria a um possível empregador uma carta que diz apenas coisas excelentes? Vocês estão certos. O verdadeiro valor dessas cartas é a mentalidade que elas impõem ao seu futuro ex-chefe. Ele vai depreciá-lo depois que declarou por escrito que você é um ótimo funcionário? Provavelmente não. Gerentes contratantes menos complicados podem examinar a carta e aceitá-la como referência suficiente. A maioria nunca ligará para seu antigo chefe para obter mais informações.

## Por que alguns gerentes tornam-se rudes quando você pede demissão

Com frequência, um chefe torna-se hostil quando você pede demissão. Eis algumas razões pelas quais isso acontece.

Seu chefe:

- Tem receio de que não será capaz de encontrar alguém para substituí-lo rapidamente.
- Pode recear que as insuficiências dele tornem-se aparentes depois que você sair.
- Está sobrecarregado e não pode imaginar acrescentar o seu trabalho ao dele.

- Teme que sua saída reflita negativamente em sua liderança.
- Sente que ficou para trás. Você está indo para algo melhor, e ele não.
- Sente-se traído. Talvez seu chefe o tenha ajudado a chegar aonde está hoje, e agora você o está deixando.

Como você pode ver, nenhuma dessas razões tem qualquer coisa a ver com você. Termine o que precisa ser feito e saia com a mesma elegância com que entrou.

## Outras coisas para pensar antes de sair

Dizem que nunca devemos deixar um emprego sem que já tenhamos outro. Eu diria que isso depende da situação. Se você tem um tipo de trabalho tão exigente que não lhe permite fazer uma pesquisa de emprego enquanto está trabalhando, então talvez tenha de sair para arranjar alguma coisa. Ou, se o ambiente é tão nocivo que está afetando sua saúde, opte por sua vida.

Algumas razões pelas quais você talvez queira permanecer até encontrar outro emprego incluem:

- É mais provável que um possível empregador lhe ofereça mais dinheiro para que você deixe seu atual emprego.
- É provável que um possível empregador iguale o período de férias a que agora você tem direito.
- Estando empregado, você se coloca melhor no mercado. Parece que todos querem o que os outros têm, especialmente quando se trata de tirar um funcionário da concorrência.
- Você não terá de pagar 100% do custo do seguro-saúde.
- Você pode estar próximo de um período de direitos adquiridos que lhe dará direito a receber dinheiro adicional em seu plano de aposentadoria.
- Você pode acabar permanecendo tempo suficiente para receber mais um bônus ou aumento de salário.
- Um mau chefe pode sair e, então, talvez você decida ficar.

## Você deve se demitir antes de ser dispensado?

Há ocasiões em que um empregador se preocupa como os outros vão reagir quando alguém da empresa é dispensado. Muitas vezes, um gerente dará ao funcionário a opção de apresentar sua carta de demissão, em vez de ser desligado. Isso é melhor para você? Depende de como você negociar sua saída. Em muitos estados, se pedir demissão, você não terá direito a receber auxílio-desemprego. Você pode se permitir abrir mão dele? Eis outra coisa que muita gente não sabe. Você pode aceitar a oferta de se demitir na eventualidade de sua empresa não contestar seu pedido de indenização por desemprego. Se ela concordar, obtenha isso por escrito.

Nunca é fácil deixar uma empresa, especialmente se a saída não se der em suas próprias condições e prazo. Use cada experiência para se aperfeiçoar. Eu não estaria na posição que estou hoje – ajudando empresas, com êxito, a melhorar seu pessoal, produtividade e rentabilidade – sem passar pela experiência de me ver repentinamente no comando. Lembre-se: cada experiência molda quem você se torna, como pessoa e como líder.

### PRINCIPAIS PONTOS DE APRENDIZADO

- Normalmente, há sinais que indicam que seu tempo pode ter se esgotado. Os sinais incluem: você não recebe mais informações; é solicitado a treinar um "substituto"; a empresa está afundando rapidamente; péssimas decisões estão sendo tomadas na cúpula; uma fusão ou aquisição é iminente; seu chefe é demitido; não há mais lugar na empresa para você progredir.
- Você pode sair da empresa com mais do que o dinheiro das férias. Avalie o que você acha que tem direito e peça, lembrando-se de que, se não pedir, certamente não receberá.
- A época de conseguir referências é antes de precisar delas. Sempre peça uma carta de recomendação, mesmo que o afastamento não seja totalmente voluntário. Facilite para que seu chefe concorde. Ofereça-se para rascunhar a carta para aprovação dele.
- Entender por que alguns gerentes tornam-se rudes quando alguém pede demissão lhe permitirá permanecer sereno para organizar sua saída. Muitas vezes, esse comportamento está relacionado ao medo ou ocorre porque seu chefe está sobrecarregado.

- De um modo ideal, é melhor ter outro emprego arranjado antes de apresentar seu pedido de demissão. Na realidade, isso nem sempre é possível. Avalie os prós e contras de sair mais cedo, antes de tomar sua decisão final.
- Antes de concordar com um pedido de demissão forçado, entenda os desdobramentos. Pode haver vezes em que uma alternativa é claramente melhor que outra.
- *Sempre* peça para um advogado examinar um acordo de desligamento, antes de assinar.
- Cada experiência molda quem você é e quem você se torna. Use-as para redefinir seu futuro.

*Agora, que você aprendeu e praticou o que deve fazer para **gerenciar para cima** com eficácia, vire o livro e reveja o que precisa fazer para **gerenciar para baixo** com sucesso.*

*Agora, que você aprendeu e praticou o que deve fazer para **gerenciar para baixo** com eficácia, vire o livro e reveja o que precisa fazer para continuar a **gerenciar para cima** com sucesso.*

# Bibliografia

Covey, Stephen M.R. "How the Best Leaders Build Trust." *Leadership Now*, 2009. www.leadershipnow.com/pvcovey.html (acessado em 20 de julho de 2010).

De Gennaro, Renee e John Kuchan. "The Power of Influence – Techniques for Leading When You're Not in Charge", 2005. http://pharmrep.findpharma.com/pharmarep/Sales+Training/The-power-of-influence/ArticleStandard/Article/detail/160220 (acessado em 20 de julho de 2010).

Druker, Peter. *The Practice of Management.* Nova York, NY: Harper and Row Publishers, Inc., 1954.

Klaus, Peggy. *Brag! The Art of Tooting Your Own Horn Without Blowing It.* Nova York, NY: Warner Books, Inc., 2003.

Kotter, John P. *Power and Influence: Beyond Formal Authority.* Nova York, NY: The Free Press, 1985.

Lifland, Shari. "What, Me Brag?" American Management Association, August 10, 2006.

Mehrabian, Albert. Business model. http://www.businessballs.com/mehrabian-communications.htm (acessado em 20 de julho de 2010).

Pfeffer, Jeffrey. *Power in Organizations.* Cambridge, MA: Ballinger Publishing Co., 1981.

Schwartz, John e Matthew L. Wald. "The Nation: NASA's Curse? 'Groupthink' Is 30 Years Old, and Still Going Strong." *The New York Times*, March 9, 2003.

Tobak, Steve. "Undercover Boss: Escaping GM's Abusive Corporate Culture." BNET.com, March, 2010. http://blogs.bnet.com/ceo/?p=4254 (acessado em 20 de julho de 2010).

de clientes, separação de correspondência e arquivamento de documentos da empresa. Participa da reunião de planejamento semanal da diretoria para rever agendas e prioridades empresariais e coordena atividades.

**Dá assistência ao marketing e às relações com clientes.** Desenvolve e mantém materiais de marketing, publicidade e apresentação. Participa do recrutamento de clientes, materiais de apresentação e administra o principal sistema de acompanhamento. Ajuda na preparação de propostas para prováveis clientes.

**Fornece apoio aos diretores de projeto, no que diz respeito à produção dos clientes.** Trabalha com os diretores de projeto para fornecer apoio direto aos projetos, incluindo agendas e acompanhamento de reuniões com clientes, comunicação direta com clientes, contratos de arquitetura e construção, e arquivos de contratos. Na ausência dos dirigentes, os mantém a par de pedidos ou problemas com clientes. Investiga e faz o acompanhamento de problemas com clientes, a pedido dos dirigentes.

**Facilita contratos.** Trabalha com os diretores e gerentes de projeto para preparar e revisar planos de trabalho, contratos, arquivos de contratos, *checklist* de contratos e procedimentos. Mantém arquivos de contratos de acordo com as normas da empresa.

**Coordena a organização de viagens.** Responsável por garantir que todos os arranjos de viagem foram feitos com a agência de viagens externa. Faz o acompanhamento junto à agência quando mudanças são necessárias.

**Prepara relatórios de despesas.** Lida com os recibos dos dirigentes e preenche os relatórios de despesas.

**Quando solicitado, fornece apoio a outros departamentos.**

**Outras funções que lhe sejam atribuídas.**

*Qualificações*
Exige-se diploma do ensino médio ou equivalente e de cinco a sete anos de experiência secretarial e administrativa. Deve dominar a internet e ser perita em Microsoft Word e Excel. Experiência com software de banco de dados é uma vantagem. Exige-se excelente capacidade de comunicação escrita e falada. Deve ser uma empreendedora que tenha fortes habilidades interpessoais e trabalhe bem sob pressão. Deve ser muito organizada, flexível e não ter problemas em lidar com números e informações confidenciais.

APÊNDICE

# Modelo de descrição do cargo

Cargo: assistente executiva
Reporta-se a: diretores da empresa
Data da última atualização da descrição do cargo: 20 de janeiro de 2009

*Síntese do cargo*
Sob supervisão direta, fornece apoio administrativo e secretarial aos diretores, para ajudar a assegurar o funcionamento harmonioso da empresa. As responsabilidades incluem estabelecimento e manutenção de procedimentos administrativos operacionais; preparação de apresentações, propostas e relatórios; coordenação e manutenção de contratos; manutenção de relações com clientes; filtragem de ligações; e organizações de viagens e reuniões.

Exige habilidades excepcionais de informática e de pesquisa na internet. Também requer flexibilidade, habilidade de realizar várias tarefas ao mesmo tempo, em um ambiente de ritmo acelerado, excelentes habilidades interpessoais, experiência em coordenação de projetos e habilidade de trabalhar bem com todos os escalões internos, bem como com clientes e fornecedores externos. Deve manter estrita confidencialidade de todas as informações de clientes, de funcionários e da empresa.

*Funções e responsabilidades*
**Responsável pelo apoio secretarial e administrativo geral.** Isso inclui: programação, correspondência, manuseio de mensagens e acompanhamento em nome dos diretores, propostas, apresentações, contratos e orçamentos. Os deveres também incluem atendimento de ligações telefônicas, recepção

- Quando fizer as anotações sobre o funcionário, escreva os detalhes enquanto a informação está fresca na sua mente. Inclua datas, horários e pormenores com respeito a comportamento observado e avaliado. Se apropriado, peça ao funcionário para assinar o que foi escrito para aumentar seu nível de comprometimento.
- Demissões tornaram-se mais frequentes nos últimos anos. Embora nunca seja fácil dispensar gente que tem feito um bom trabalho, às vezes é necessário. Seja qual for o número de pessoas de seu departamento que você precisa demitir, trate cada uma delas como gente. Faça todo o possível para que tenham uma transição harmoniosa para sua próxima oportunidade.
- Cuide dos sobreviventes. São os profissionais de que você precisará para preencher a lacuna. Mantenha-os informados para que eles não acabem confiando em boatos para receber informações que podem ser incorretas.
- Existem maneiras de se despedir um funcionário sem destruir seu amor-próprio. Você faz isso sendo respeitoso, evitando surpresas, estando totalmente preparado para a conversa e, sempre que possível, permitindo que o funcionário saia por conta própria.

uma síntese do que o programa provavelmente envolveu (por exemplo, indenização, ampliação dos benefícios de assistência médica ou serviços de encaminhamento de funcionários para outras empresas).

Sempre que um funcionário é demitido, é melhor reunir imediatamente os membros da equipe antes que os boatos comecem a se espalhar. *Vão* lhe perguntar por que alguém foi demitido, então é melhor estar preparado para responder. Se for uma questão econômica, é bom dizer que cortes tiveram de ser feitos para assegurar que a empresa pudesse aguentar a tempestade na economia. Mas, e se a demissão deveu-se a problemas relacionados a desempenho ou, pior ainda, a conduta ilegal como desfalque ou assédio sexual?

Eis como proponho responder se baixo desempenho ou delitos foram a razão da demissão: "Não tenho permissão de discutir os detalhes com vocês, mas queria que soubessem que, a partir desta tarde, Diane Smith não trabalha mais na empresa. Não vou lhes fornecer pormenores por respeito a Diane e ao seu direito de privacidade. Se tiverem perguntas específicas de como essa mudança vai afetar seu trabalho, então marquem um horário para conversar comigo esta semana, para que possamos discutir o assunto. Portanto, vamos falar de como vamos prosseguir, de modo que nada passe despercebido."

Demitir pessoal ficará mais fácil com a prática. Mas, na verdade, no dia em que ficar muito fácil é o dia em que você deverá buscar uma nova carreira.

---------- **PRINCIPAIS PONTOS DE APRENDIZADO** ----------

- Demitir um empregado nunca é fácil, e a maneira de fazê-lo pode ter um impacto duradouro tanto no funcionário como nos sobreviventes (aqueles que permanecem na empresa). Abordar a situação de maneira respeitosa minimizará o dano e o transtorno que não raro estão associados às demissões.
- A primeira vez que o funcionário souber que há problemas com seu desempenho não deve ser quando ele está sendo dispensado. Na condição de gerente, você deve orientar continuamente os funcionários, especialmente aqueles que podem estar tendo problemas de desempenho.
- Documente todas as conversas e observações referentes ao desempenho do funcionário, para que você possa efetuar diretamente a demissão, caso a situação justifique. Não fazer isso pode retardar uma ação que talvez seja prejudicial para sua carreira.

**Deixe o pastoreio do gado para os boiadeiros** – Pode ser mais fácil para você reunir o pessoal na sala de reunião e liberá-lo de uma só vez, mas isso é o melhor para aqueles que dedicaram sua vida profissional a você e à empresa? Seu pessoal merece mais. É aqui que entra a regra de ouro de tratar as pessoas como você gostaria de ser tratado.

Se lhe pedirem para demitir mais de uma pessoa, reserve tempo para se reunir individualmente com cada funcionário em uma sala privativa. Dê aos funcionários bastante tempo para fazer perguntas e para se compor antes de acompanhá-los para fora da sala.

**Facilite a transição** – A procura de emprego mudou radicalmente nos últimos anos. O *networking* não consiste mais em quem você conhece. Agora é uma questão de com quem você se relaciona nas redes sociais. Se você está dispensando um funcionário puramente por razões econômicas, então faça o que puder para facilitar a transição. Concorde em servir como referência, se sua empresa não tem uma política contrária a fornecer referências. Diga ao funcionário que ficará satisfeito em indicá-lo no LinkedIn e sugira que ele o avise quanto a alguns contatos específicos que ele gostaria que você fizesse a seu favor.

## Cuidando dos sobreviventes

Durante essas épocas turbulentas, é fácil nos esquecermos dos sobreviventes. São as pessoas que têm "sorte" de ainda estarem empregadas. Se você pensa que o pessoal vai se dedicar e continuar a trabalhar duro quando aqueles ao seu redor estão sendo demitidos, pense de novo. É um período extremamente estressante para todos, incluindo aqueles que continuam trabalhando. Cada sobrevivente está se perguntando o que acontecerá a seguir. Haverá mais demissões? Seus empregos estão em risco? Como a empresa tratou seus colegas que acabaram de sair? (Os funcionários gostam de saber disso, caso aconteça com eles.) Quem vai fazer todo o trabalho extra? Você precisa estar preparado para responder a essas perguntas.

Como discutimos anteriormente, não prometa ao pessoal que não haverá mais demissões. Entretanto, você pode dizer que, até onde sabe, não há planos (isto é, se não *houver* nenhum) de reduções futuras. Descubra, se é que isso é possível, o que a empresa fez para ajudar os que foram demitidos. Dessa forma, você terá condições de dizer àqueles que perguntarem que ao pessoal foi oferecido um pacote de desligamento e forneça acreditarão que ela está deixando a empresa por conta própria, enquanto você retorna satisfeito para sua sala. Se você tiver em mente que se trata de respeito – não de vender –, terá funcionários que o agradecerão na saída. Exatamente como no "Aprendiz"!

## Quando há mais de uma vítima: conduzindo demissões

Você deve pensar que, a essa altura, as empresas estão muito hábeis em realizar demissões, dada toda a redução de pessoal que vimos nos últimos anos. Infelizmente, a maioria não melhorou. A seguir, alguns exemplos de práticas que vi recentemente.

De acordo com um artigo que li num jornal local, empregados de uma empresa industrial receberam ordem de comparecer a uma reunião obrigatória. Na reunião, todos eles receberam envelopes e foram instruídos a abri-los em casa. Alguns os abriram no estacionamento e descobriram que haviam sido dispensados, enquanto outros verificaram que foram poupados. A todos esses empregados foi dito inicialmente que seus empregos estavam seguros e que apenas suas horas de trabalho seriam reduzidas.

Em uma medida semelhante, em outra empresa, os funcionários foram chamados à sala de reunião e receberam assentos marcados. Disseram-lhes que, quando o chefe desse o sinal, eles deveriam remover os envelopes fechados debaixo das cadeiras e abri-los. Você já adivinhou. Os envelopes continham avisos de demissão.

Tratar demissões como se fosse um jogo é inescrupuloso, e eu espero que nunca lhe peçam para participar de uma farsa dessas. Eu trago essas situações à atenção de vocês para ressaltar que, como líderes atuais, vocês podem agir de maneira diferente. Eis como:

**Elimine de seu vocabulário as palavras "não haverá mais demissões"** – Não temos como saber isso, a menos que tenhamos uma bola de cristal. Uma situação que pode servir de exemplo: ninguém poderia ter previsto os acontecimentos de 11 de setembro, que tiveram tanto impacto emocional quanto econômico nas pessoas do mundo inteiro. As receitas do setor aéreo imediatamente despencaram, já que as pessoas pararam de viajar de avião. O efeito propagador foi logo sentido por empresas que serviam ou eram associadas ao setor de aviação. Empresas que nunca pensaram que teriam de dispensar funcionários não tiveram escolha, a não ser demitir ou fechar a empresa.

5. **Documentos, documentos, documentos**

    Nós já analisamos por que é importante documentar conversas quando elas se referem à gestão de desempenho. É igualmente importante anotar os detalhes da última conversa enquanto ela ainda estiver fresca em sua mente.

    Na condição de gerente, você é responsável por proteger a empresa. Uma boa documentação pode ser a diferença entre vencer uma ação judicial e entregar os lucros do último ano, incluindo seu possível bônus, para o funcionário insatisfeito que foi demitido.

6. **Os fatos, senhor, apenas os fatos**

    Um erro comum cometido por gerentes que estão fazendo demissões é repassar todo o histórico profissional para explicar por que alguém está sendo dispensado. Isso é extremamente doloroso e desnecessário. Seu objetivo é que o funcionário saia da conversa inteiro, certo? Criticar severamente a pessoa nada mais faz do que destruir seu ego. Alem disso, a essa altura, não há nada que o funcionário possa fazer para mudar a situação.

    Mantenha uma conversa breve. Informe o funcionário por que ele está sendo dispensado, quando será seu último dia e outras informações que ele possa precisar quando deixar a empresa. Isso pode incluir informações sobre auxílio-desemprego, seguro-saúde, se aplicável, e detalhes sobre outros serviços, como encaminhamento de funcionários para outras empresas.

    Dê tempo ao funcionário para processar o que você lhe disse. Se ele continuar pedindo feedback, diga-lhe educadamente que você não vai repassar todo o arquivo novamente, pois vocês já tiveram essas discussões. Em seguida, direcione a conversa de volta ao rumo, para que você possa completar o processo.

7. **Não se trata de vencer**

    No "Aprendiz", tudo girava em torno da vitória, mas a menos que sua empresa faça parte de um reality show, esse não deve ser seu objetivo fundamental. Seu objetivo é fazer a transição do funcionário com o mínimo de alarde possível. Isso pode ser feito quando você devolve o poder ao funcionário. Faça isso dando-lhe uma opção. Talvez você esteja ansioso para dizer "Você está demitido!", mas é muito mais fácil ter um funcionário que diga "Eu me demito", sem mencionar que é muito mais harmonioso do ponto de vista legal.

    Se possível, ofereça ao profissional uma oportunidade de pedir demissão. Isso permite que a pessoa mantenha sua dignidade. Muitos eis algumas dicas atemporais para ajudá-lo a fazer uma transição harmoniosa de funcionários da diretoria ou de qualquer outro departamento de sua organização.

1. **R-E-S-P-E-I-T-O**
   A lenda viva Aretha Franklin tornou essa palavra famosa quando cantou sobre ela no verão de 1967, e ela ainda soa verdadeira. Ser demitido pode ser tão estressante como uma morte na família ou um divórcio. Reconheça que será um momento extremamente difícil para o profissional e faça o melhor possível para ser respeitoso.
2. **Evite surpresas**
   Como mencionamos anteriormente, a rescisão de um funcionário não deve ser surpresa para ele. Mas, se esse não for o caso, refaça seu plano de ação. Uma conversa mais direta pode ser seu próximo passo, antes de passar para a demissão da pessoa.

   Quando fizer sua advertência final ao funcionário, seja direto. Avise-o de que, se ele não conseguir melhorar seu desempenho, dentro de determinado período seu contrato será rescindido. Resista à tentação de suavizar sua mensagem ou você provocará raiva no funcionário quando chegar a hora da demissão.
3. **Esteja preparado**
   É fácil perder o rumo quando se demite um profissional. Planeje o que você vai dizer e faça todo o possível para seguir o script. Você não sabe onde a situação poderá acabar e certamente não quer explicar ao advogado trabalhista de sua empresa como disse ao funcionário que ele era um de seus mais fortes elementos, ao mesmo tempo em que o demitia. Esse lance poderia ter aumentado a audiência de Donald Trump, mas certamente não ajudará a impulsionar sua carreira.
4. **Foco no desempenho**
   Muitas vezes, não conseguimos definir com exatidão o que está havendo de errado com um funcionário perturbado, então atribuímos o que observamos a uma atitude negativa. Porém, gerentes experientes sabem que poderiam se ver no canal Court TV (atualmente truTV), se demitirem com base em atitude, e não em desempenho.

   Concentre sua discussão em assuntos relativos ao desempenho. Por exemplo, em vez de dizer a um funcionário que o está demitindo por sua atitude negativa, cite exemplos específicos de como suas ações influenciaram negativamente sua capacidade de atingir as metas acordadas.

**Ótimo trabalho! Aqui está seu aumento. Eu já falei que amanhã será seu último dia?** – Seria engraçado, se não fosse verdade. Uma pessoa recebeu uma classificação de desempenho que "supera os padrões", juntamente com um aumento salarial, para ser avisada que no dia seguinte seria demitida. Esperemos que ela não tenha gasto o aumento antes de recebê-lo.

**Sua tarefa é demitir um empregado que tem seis filhos. Então farei minha tarefa e demitirei você.** – Isso aconteceu comigo na primeira vez em que tive de demitir alguém. Eu ainda me lembro de como estava mal na noite anterior, só de pensar sobre o que eu estava prestes a fazer. Conduzi a rescisão e esperei, na sala de reunião, minha chefe chegar e ouvir meu relato. Ela fez um pouco mais do que ouvir meu relato. Ela me demitiu.

Não havia absolutamente nenhuma razão para que essas rescisões tivessem sido feitas dessa forma. No primeiro cenário, o dono sabia muito bem que sua empresa estava em apuros. Ele deveria ter dito à sua funcionária que seria prudente esperar, em vez de encorajá-la a assumir um compromisso que poderia ter terminado em falência. Os empregadores demitem as pessoas nas sextas-feiras para assegurar que o funcionário tenha tudo concluído antes de ser dispensado. Seja compassivo. Considere o que é mais benéfico para seu funcionário antes de definir o dia. O único motivo que me vem à mente para um empregador dar a alguém um aumento um dia antes de ele ser demitido é para ajudá-lo a receber uma oferta salarial mais alta em seu próximo emprego. Não tenho certeza se essa estratégia é promissora atualmente, pois aquele empregador poderia estar valorizando o funcionário a ponto de excluí-lo do mercado de trabalho, sem falar em confundir o funcionário com mensagens conflitantes. E, obviamente, há o meu próprio cenário pessoal, em que é evidente que minha chefe não teve coragem de fazer o trabalho sujo, então o atribuiu a mim. Foi um presente de despedida que eu gostaria que tivesse ficado para ela.

Então, como você pode fazer as coisas de forma diferente e como saberá quando preservou o amor-próprio? Você saberá que fez um bom trabalho ao realizar a rescisão do funcionário quando a conversa terminar e o funcionário disser "Obrigado". Sim, é isso mesmo. Eu sei disso por experiência própria e tenho os "obrigados" para provar.

No programa de televisão "O Aprendiz", Donald Trump faz a demissão parecer fácil. Pode ser um reality show, mas não há nada real em suas demissões, pois esse pessoal provavelmente alcançará fama e fortuna. Na maioria dos casos, tudo o que os seus funcionários receberão será um cheque do auxílio-desemprego. Então, para nós que vivemos no mundo real, franco com os seus funcionários e eles sabem que seus empregos estão em risco. Mencionamos anteriormente, neste livro, como sua função é ampliar os pontos fortes dos profissionais. Você não consegue fazer isso se está passando a maioria dos seus dias com um funcionário que já deveria ter ido embora há muito tempo.

Uma das razões usuais que ouço os gerentes usarem para não demitir um funcionário é que eles se preocupam com o bem-estar do funcionário e de sua família. Sou totalmente a favor da compaixão, mas o que acontece quando o restante da equipe para de contribuir com sua parte e a empresa começa a ir por água abaixo? Você precisa ver o cenário como um todo. Você precisa atirar ao mar o funcionário de baixo desempenho, antes que ele afunde o navio. Pura e simplesmente, você tem de salvar todos os demais. Citando *O poderoso chefão*, Donald Trump usava, de forma memorável, estas palavras em seu reality show, "O Aprendiz": "Não é nada pessoal, apenas negócios." Se você fez seu trabalho, e o funcionário não, então é hora de dizer *sayonara*.

## Evitar a mágoa: como demitir alguém sem destruir seu amor-próprio

Se eu não tivesse bom discernimento, diria que alguns gerentes realmente sentem prazer em demitir funcionários. Caso contrário, não fariam certas coisas. Eis alguns exemplos:

**Seu emprego é seguro. Compre aquela casa nova!** – Essa é uma de minhas favoritas, pois realmente aconteceu com uma colega. Ela perguntou ao dono da empresa três vezes se ele achava uma medida inteligente ela comprar uma casa, considerando o clima econômico. Ele conseguiu suprimir seus temores. Isto é, até que ele a despediu dois meses depois porque estava lutando para cobrir a folha de pagamento. Então ali estava ela, uma mulher solteira com uma enorme hipoteca para pagar e sem emprego.

**Graças a Deus é sexta-feira. Ah, a propósito, você está demitido.** – Ótimo, agora o funcionário demitido tinha o fim de semana inteiro com nada para fazer, a não ser pensar sobre o que acabara de acontecer. Ele não podia dar entrada no auxílio-desemprego nem começar a telefonar para seus contatos profissionais porque era fim de semana.

porque lhe faltam o mesmo vigor e entusiasmo de seus companheiros. Eis o que você *não* deve dizer em seu relatório: "Martin é incapaz de acompanhar os vendedores mais jovens da equipe." Isso se você não quiser se sentar à mesa com Martin e sua equipe de advogados. Essa afirmação, da forma que está escrita, poderia ser interpretada como significando que você acredita que a incapacidade de Martin de cumprir suas metas de vendas está relacionada, de algum modo, à sua idade.

Quando escrever documentos, atenha-se aos indicadores que ambos concordaram que seriam usados para avaliar o desempenho, e você deve ser capaz de manter distância de possíveis problemas legais. Eis um exemplo de um meio melhor de documentar uma conversa de melhoria de desempenho que você poderia ter tido com Martin: "Em 1º de julho de 2010, eu me reuni com Martin para discutir os problemas que ele tem tido ultimamente para atingir sua cota de vendas. Nos últimos três meses, Martin não atingiu sua cota de vendas em pelo menos 20%. Ele me assegurou que está empenhado em se esforçar mais para alcançar suas metas e que voltará a se reunir comigo até o fim da semana, trazendo um plano por escrito, que descreve especificamente o que ele pretende fazer para que suas vendas voltem aos eixos. Eu me ofereci para acompanhá-lo nas visitas de vendas e fornecer-lhe todo o apoio necessário para que ele tenha êxito. Martin está ciente de que, se não atingir sua cota em julho e agosto, ocorrerão novas medidas disciplinares, incluindo até rescisão." Com essa abordagem, você terá um registro do que foi dito exatamente durante sua conversa com o funcionário e poderá consultar suas notas para se lembrar do que foi acordado, antes de tomar novas medidas.

Ao preparar documentos, não deixe de datar todas as suas anotações, para que possa estabelecer um cronograma das conversas que levaram à sua decisão de aconselhar novamente o funcionário ou terminar o relacionamento. Verifique com seu chefe se a empresa tem uma política disciplinar progressiva que exija uma advertência verbal, por escrito e de recursos humanos, antes de dispensar um funcionário por problemas relacionados a desempenho, visto que pode haver formulários específicos que precisarão ser preenchidos como parte do processo de documentação.

## Puxar o gatilho: saber quando é hora de executar

Eu sei de muitos gerentes que continuam pensando que as coisas vão melhorar. Mas elas raramente melhoram, especialmente se você tem sido

MySpace e no Facebook, onde as pessoas têm mais amigos do que conseguem mencionar; e no Twitter, onde funcionários amargos podem causar danos substanciais com apenas 140 caracteres. Colegas de trabalho, clientes e possíveis clientes podem ler essas mensagens, que são, naturalmente, unilaterais. Mas isso não importa. No mundo atual, se está na internet, deve ser verdade!

## Juntar munição: a arte da documentação

É hora de parar de pensar em você por um momento e passar a pensar em seu pessoal. Conversas sobre melhoria de desempenho são difíceis, mas são necessárias quando os profissionais precisam intensificar seu desempenho. Se você reformular a maneira como aborda essas discussões, será mais fácil realizá-las. Considere a conversa como uma oportunidade de ajudar alguém a voltar a entrar nos eixos. Lembre-se: as pessoas não podem melhorar se não tiverem ideia de que precisam melhorar. Mas você também precisa ter em mente que, no final, ainda existe a possibilidade de as coisas não darem certo. Portanto, convém se certificar de que você documentou todas as conversas relativas a desempenho. Caso contrário, seu gerente ou alguém do recursos humanos pode lhe dizer que você precisa reter o funcionário até que haja suficiente documentação por escrito para respaldar sua decisão e para proteger a empresa no caso de uma ação judicial.

Então, o que exatamente deve ser documentado? Escreva data e hora da discussão, bem como detalhes de *quaisquer* conversas que você tenha com respeito à melhoria de desempenho. Inclua a reação do funcionário à discussão, bem como o intervalo de tempo em que vocês concordaram para abordar a questão novamente, se o problema continuar. Mantenha as muitas anotações referentes a comportamentos que observou, tais como frequentes intervalos prolongados para almoço ou telefonemas pessoais excessivos. Tudo isso é chamado de documentação. Você pode até pedir que o funcionário assine as medidas de ação acordadas, como forma de demonstrar que as conversas se realizaram.

Quando reunidas, essas notas descrevem um quadro que pode ser visto por outros, caso a situação se agrave. Portanto, é importante pensar cuidadosamente sobre a forma de apresentar sua documentação. Por exemplo, talvez você tenha um funcionário maduro que, ao que tudo indica, está lutando para atingir suas metas de vendas. Você acredita que isso acontece

Essa história em especial tem um final mais feliz do que muitas. Ele logo recebeu uma oferta de emprego de uma empresa, que a princípio recusara. Entretanto, carregará essa bagagem pelo resto da vida. Não passará um dia em que ele não perscrutará a janela de sua sala esperando que algum estranho apareça para tirar seu sustento.

Não posso dizer com certeza se o homem descrito merecia ser despedido. Porém, posso afirmar que ele não merecia sair dessa maneira. Sua raiva e ressentimento não se baseavam em ser demitido por razões econômicas. Baseavam-se puramente na forma como ele foi tratado.

As empresas atualmente preocupam-se muito com ações judiciais de funcionários descontentes que foram demitidos. E eu lhes digo que elas devem se preocupar. Os gerentes dão ordens de demissão para "se livrarem" de certos funcionários; gerentes inexperientes (e muitos experientes) não têm coragem de resistir e dizer: "Não acho que seja a coisa certa a fazer, pelas seguintes razões." Então, fazem o que lhes mandam, dando pouca atenção ao que poderiam fazer para suavizar o golpe.

As empresas tendem a tratar as rescisões de funcionários como se estivessem preparando uma festa surpresa. Convites são enviados secretamente àqueles que estarão envolvidos nos preparativos. Reuniões privadas são realizadas antes ou depois do expediente para assegurar que o "convidado de honra" não fique sabendo do evento que está prestes a ocorrer, incluindo que "presentes" (também conhecidos como pacotes de indenização) serão dados. Em seguida, todos aguardam pelo grande dia, geralmente uma sexta-feira, porque sabemos que as pessoas que estarão presentes precisarão do fim de semana para se recuperar do evento.

Isso é errado. Demissões de funcionários não devem ser uma surpresa, a menos que um desastre natural obrigue o fechamento imediato da empresa. Se você estiver fazendo seu trabalho e gerenciando desempenho, o funcionário deve estar totalmente ciente de que as coisas não estão correndo conforme o planejado. Se ele não estiver ciente disso, talvez você não tenha sido suficientemente específico em suas conversas referentes às suas preocupações ou talvez não o tenha avisado de que seu emprego está em risco.

A maneira como você conduz o processo de rescisão impactará não apenas você e o funcionário. Eis por que: nos velhos tempos, as empresas tinham de se preocupar apenas com o que ex-funcionários pudessem dizer sobre elas em um coquetel. Hoje, o coquetel se realiza ininterruptamente em sites como Vault.com, onde os internautas são incentivados a classificar seus atuais ou ex-empregadores e incluir comentários; no

CAPÍTULO 9

# Você está demitido!

## Dicas atemporais para rescisões diplomáticas

Uma das realidades desagradáveis de ser gerente é que, ocasionalmente, um funcionário não dá resultados ou as necessidades empresariais impõem uma redução no custo da folha de pagamento. Dispensar um funcionário nunca é fácil, e a maneira como isso é feito pode ter um impacto duradouro no demitido e nos sobreviventes – aqueles que permanecem na empresa. Abordar a situação de maneira respeitosa minimizará os danos e o transtorno geralmente associados à rescisão de funcionários.

Deveria ser exigido que todos os gerentes assistissem ao filme *Amor sem escala*, estrelado por George Clooney. O filme é uma adaptação de um romance do mesmo nome. No filme, Clooney faz o papel de um profissional que viaja pelo país demitindo profissionais cujos chefes não têm coragem de dispensar. Embora seja uma história ficcional, ocorrências similares acontecem diariamente no mundo inteiro.

Um bom exemplo: um amigo íntimo me contou a história de seu cunhado, que recentemente recebeu a visita, em seu escritório, de alguém que não conhecia e com quem nunca conversara, para lhe dizer que seus serviços não eram mais necessários. Fim da história – ele não recebeu explicações sobre o motivo de estar sendo dispensado nem teve a oportunidade de aparar as últimas arestas num projeto ou de se despedir dos colegas. Ninguém nunca mencionou que seu desempenho estava aquém das expectativas ou que a empresa estava passando por dificuldades financeiras. Até hoje ele não sabe por que foi demitido, porque seu ex-empregador se recusa a ligar de volta. O homem passou semanas deitado no sofá, em estado de raiva e depressão, o que deixou sua família aterrorizada.

*Como gerente, você passa por um conjunto completo de emoções quando demite um funcionário.*

- *Fica com raiva porque tem de demiti-lo.*
- *Fica triste porque sabe que esse acontecimento mudará a vida do funcionário no curto prazo.*
- *Sente um pouco de humilhação porque você pode ou não ter estado na mesma situação, e essas mesmas emoções surgem em você, não importa há quanto tempo tenha acontecido.*
- *Sente-se aliviado porque a demissão não o manterá mais acordado à noite.*
- *Sente uma sensação de liberdade porque o "problema" finalmente foi resolvido.*
- *Depois que for decidido que o funcionário será dispensado, você quer resolver o assunto o mais rápido possível.*
- *Embora muitos não admitam, há uma sensação de satisfação em saber que você deu ao funcionário todas as chances de ser bem--sucedido.*

*Quando fizer isso novamente, abreviarei o processo consideravelmente.*

Patrick Hollister
*Profissional de Vendas*
*Ex-Gerente Regional de Vendas,*
*Fujitsu Components America, Inc.*

- As autoavaliações de desempenho são as melhores amigas de um gerente. Você tem a oportunidade de saber como um funcionário vê seu próprio desempenho. A autoavaliação de um profissional também pode lhe fornecer informações adicionais que você pode ter esquecido. Talvez você também tome conhecimento de que há uma desconexão entre o que comunica e o que o funcionário compreende, se houver enorme discrepância entre o que o funcionário escreveu e o que você está pensando.

- Forneci feedback contínuo ao funcionário?
- Há algo que eu possa ter feito para causar essa desconexão?

Se, após fazer essas perguntas, você perceber que contribuiu de alguma forma para essa situação, precisa descobrir onde reside sua responsabilidade. Se você não deu ao funcionário nenhum feedback referente a uma área em que ele não está satisfazendo as expectativas, então talvez vocês concordem em deixar essa meta na lista para a próxima avaliação. Dessa forma, o funcionário não é penalizado por algo que não estava inteiramente sob seu controle. No final, sua função é ampliar os pontos fortes da pessoa e prepará-la para o sucesso. Você consegue isso mantendo abertas as linhas de comunicação, mesmo quando o inesperado acontece.

## PRINCIPAIS PONTOS DE APRENDIZADO

- Gestão de desempenho é um processo, não um evento ocasional. Isso significa que você deve manter conversas contínuas sobre metas, medições e objetivos de carreira durante todo o ciclo de gestão de desempenho.
- Gestão de desempenho não é algo que você faça para seus funcionários. É algo que você faz com seus funcionários.
- O ciclo de gestão de desempenho é um processo circular que começa no primeiro dia e termina no dia em que o funcionário deixa a empresa. Primeiro, você deve estabelecer expectativas para que as pessoas saibam como o seu desempenho será avaliado. Em seguida, você envolve os funcionários na elaboração de metas e objetivos específicos. De tempos em tempos, você contata os funcionários para responder as perguntas que possam ter e para ajudá-los a manter o rumo. O passo final é fornecer a cada profissional uma avaliação de desempenho por escrito, que abranja as discussões havidas durante o período de avaliação.
- Os funcionários querem e necessitam de feedback contínuo. Isso significa que você deve fornecer reforço positivo, bem como orientação sobre o que os funcionários podem fazer para melhorar o desempenho. Quando der feedback, seja específico. Dessa forma, o funcionário sabe exatamente o que você gostaria de vê-lo fazer ou não fazer no futuro.
- O melhor meio de superar a ansiedade relativa ao desempenho é começar a conversa preparado. Reúna documentação ao longo do caminho, forneça feedback contínuo e seja honesto e transparente em suas comunicações.

esperamos que a pessoa peça demissão antes de termos de dispensá-la. Vá por mim, as pessoas estão fazendo o seu melhor durante os primeiros 90 dias. Se você fez seu trabalho e forneceu aos funcionários o treinamento e o feedback necessários, e as coisas não melhoraram, a situação vai continuar na mesma. Se for uma questão de compatibilidade, e você crê que a pessoa possa ter êxito em outro cargo na empresa, ajude-a na transferência para outro departamento. Se não acredita nisso, então demita-a assim que ficar evidente que nenhuma quantidade de *coaching* vai melhorar seu desempenho.

## Por que a autoavaliação é sua amiga: evite o terrível olhar de surpresa ao realizar avaliações

E se você soubesse exatamente o que alguém pensa quando se trata de seu desempenho? Essa informação o ajudaria a fazer melhor o trabalho de preparar a avaliação de desempenho do funcionário? Felizmente para você, a avaliação está disponível para quem quiser. Tudo o que você precisa fazer é perguntar. Muitas empresas incluem um formulário de autoavaliação como parte do processo de avaliação de desempenho. O formulário preenchido é entregue ao gerentes antes da preparação da avaliação. Eu sugiro que peçam aos funcionários para lhe fornecer uma autoavaliação, mesmo que ela não seja parte do processo formal. Esse exercício o ajudará a evitar o olhar terrível de surpresa quando você está pensando uma coisa e seu funcionário está pensando outra. Se você fez bem seu trabalho e teve rápidas conversas ao longo do caminho, não deverá ser pego desprevenido por qualquer coisa declarada na autoavaliação.

Mas, e se a autoavaliação não lembra o desempenho da pessoa que ocupa o cubículo fora de sua sala? Isso pode acontecer. É um sinal claro de que houve uma desconexão. O funcionário acredita em uma coisa e você acredita em outra. Antes de prosseguir, você precisa se perguntar o seguinte:

- Fui bastante específico quando comuniquei minhas expectativas?
- Minhas expectativas mudaram e eu não comuniquei isso ao meu funcionário?
- Será que estou avaliando o funcionário na mesma função para a qual ele foi contratado ou a função mudou no meio do caminho e eu não ajustei as metas?

específicos de comportamentos observados, que revelará durante sua discussão com o funcionário. Abstenha-se de incluir exemplos que possam ser considerados boatos. Reformule os exemplos de maneira positiva. Por exemplo, se planeja aconselhar Jim, durante sua avaliação, sobre sua falta de pontualidade, você pode, em vez disso, discutir a importância de ser pontual. Informe-o por que será benéfico para ele ser mais confiável (ou seja, ele pode ser convidado a participar de um projeto de grande visibilidade, você poderá recomendá-lo para o programa de trabalho à distância, no qual ele expressou interesse etc.).

Um funcionário pode lhe perguntar de supetão se você acredita que ele será capaz de superar a situação e ser bem-sucedido na empresa, e aqui é que entra a transparência. Você pode responder "sim" ou "eu não sei", se for realmente o que estiver pensando. Porém, se tiver certeza de que o indivíduo não vai ter êxito, não importa o que ele faça, você deve responder a pergunta de uma maneira que seja sincera mas que também não o coloque em meio a um processo judicial. Você pode dizer que acredita que haja outras oportunidades no mercado, que serão mais compatíveis com ele. Em seguida, mude de assunto e fale sobre como vocês podem trabalhar juntos para ajudá-lo na transição.

**Administre a saída de funcionários improdutivos antes da época de avaliação** – Por que tantos gerentes pensam que têm de esperar até a época de avaliação para iniciar o processo de demissão de um funcionário? Sempre me perguntam, no 89º dia de emprego da pessoa se não há problema em demitir alguém antes de sua avaliação de 90 dias. Em geral, pergunto aos gerentes quando eles perceberam que as coisas não estavam funcionando com o funcionário. Normalmente, eles respondem: nos primeiros 30 dias. No entanto, aqui estamos nós, quase dois meses depois, e temos um funcionário a bordo, que deveria ter descido do trem na última estação.

Muitas empresas têm um período de experiência de 90 dias, que podem chamar de período de orientação. Isso é feito para lembrar o gerente de entrar em contato com novos funcionários frequentemente. Isso não significa que você tenha de conceder às pessoas o total de 90 dias para que elas se tornem produtivas. Equivale a namorar alguém por mais de dois meses, mesmo sabendo, após a primeira semana, que as coisas não vão melhorar. Seria loucura, não? Então, por que continuar com um relacionamento profissional que parece ter pouco potencial de melhoria? Muito provavelmente, queremos acreditar que as coisas vão melhorar ou não precisa ser assim, se você seguir estas recomendações, cuja eficácia foi testada ao longo do tempo:

**Reúna documentação ao longo do caminho** – Já é difícil lembrar o que fizemos na semana passada, quanto mais em abril último. Agora acrescente 10 ou mais funcionários à confusão e veja como você se sai! É realmente impossível que os gerentes se lembrem de todos os detalhes necessários para preparar uma avaliação de desempenho precisa. É por isso que recomendo abrir pastas para cada um de seus subordinados diretos, que devem ser mantidas em uma gaveta trancada. (Observação: se não tiver uma gaveta com chave, mantenha os arquivos em casa.) Sempre que um funcionário fizer algo digno de nota, faça uma anotação e a inclua na pasta. Lembre-se de datar a anotação, caso o funcionário lhe peça detalhes referentes a uma situação que pode estar sendo discutida novamente. Quando chegar novamente a época de avaliação, pegue a pasta e estará pronto. Seu nível de estresse provavelmente já baixou só de saber que você tem tudo de que precisa para dar início ao trabalho.

**Feedback contínuo** – Como observamos anteriormente, não é incomum que os gerentes reservem o feedback para a época de avaliação. Essa atitude pouco contribui para incentivar a comunicação aberta e a transparência. Quando isso ocorre, os funcionários sempre declaram como se sentem chocados e frustrados com o que estão ouvindo.

Os gerentes devem programar reuniões breves durante todo o período de avaliação, para que os funcionários saibam exatamente sua posição o tempo todo. Durante essas reuniões, os gerentes podem, com as opiniões dos funcionários, decidir ajustar os indicadores que serão usados para avaliar o desempenho, especialmente se ocorreram grandes mudanças na empresa. Reuniões mais frequentes também fornecem aos colaboradores mais tempo para fazer as necessárias correções de curso, que aumentarão a produtividade imediatamente.

**Honestidade e transparência** – Nunca é fácil dizer a um funcionário que ele precisa melhorar. No entanto, não lhe dizer ou ser parcialmente verdadeiro não fará favor nenhum ao funcionário nem o ajudará a se firmar como um gerente confiável. Os gerentes não têm a opção de ignorar problemas relacionados a desempenho.

É preciso estar completamente preparado, especialmente quando realizar uma avaliação de desempenho que possa ser litigiosa. Escreva exemplos você deve fixar metas que estimulem o crescimento, não a destruição. Por exemplo, estabelecer metas que exijam que um vendedor dobre suas vendas sem apoio adicional não seria aconselhável. É uma meta que parece impossível de realizar. Em vez disso, especifique um percentual razoável de crescimento que ambos concordem que é viável.

## Feedback contínuo

Acredite ou não, os funcionários querem e precisam de seu feedback. Sem ele, não conseguem melhorar. A filosofia de alguns gerentes é: "Se você não tiver notícias minhas, é porque está tudo bem." Mas que Deus ajude o funcionário no dia em que ele tiver notícias do gerente! Não seria melhor para todos os envolvidos se o feedback fosse contínuo? Aí ninguém ficaria conjeturando se seu nível de desempenho está satisfazendo ou até excedendo as expectativas de seu chefe. As pessoas poderiam fazer ajustes ao longo do caminho, em vez de esperar para fazer isso depois de receberem sua avaliação anual de desempenho.

## A avaliação de desempenho

Essa é a parte do ciclo de gestão de desempenho que muitos gerentes mais temem. Por quê? Porque, durante o período sob avaliação, ou eles não estabeleceram metas mensuráveis ou forneceram pouco ou nenhum feedback ao funcionário. Isso é especialmente preocupante se for uma avaliação que não será brilhante. Ou o gerente não aceita totalmente a ideia dos formulários de avaliação que deve usar. Sejam quais forem seus sentimentos a respeito desse processo, é sua função fornecer aos funcionários suas avaliações de desempenho anuais ou, em alguns casos, semianuais. Portanto, é melhor você dominar essa habilidade.

## Supere a ansiedade da gestão de desempenho

É muito comum sentir-se ansioso quando se tem de executar uma tarefa da qual não se gosta ou quando não se sente totalmente preparado para fazer algo. As avaliações de desempenho normalmente se enquadram nessas categorias, tanto para gerentes novos quanto para os experientes. Mas tradição. A gestão eficaz de desempenho é o pilar do engajamento, desde o estabelecimento de metas até a recompensa e o reconhecimento. Como gerente iniciante, você poderá influenciar diretamente o engajamento do funcionário, pela maneira que escolher para conduzir o ciclo da gestão de desempenho.

A fim de estabelecer metas e expectativas, é necessário estar familiarizado com tarefas e responsabilidades específicas associadas ao cargo que seu funcionário está preenchendo. Essas informações normalmente constam da descrição de cargo. Se você trabalha num escritório de ambiente informal, onde não há descrições de cargo por escrito, poderá pedir a seus funcionários que relacionem 10 áreas às quais eles dedicam a maior parte de seu horário de trabalho. Verifique com o departamento de recursos humanos ou peça aos funcionários para lhe fornecerem cópias de metas que tenham sido estabelecidas antes de sua chegada. Abstenha-se de fazer mudanças drásticas se estiver perto da época de avaliação de desempenho, uma vez que eles terão pouco tempo para atingir novas metas antes de suas avaliações.

## Elabore metas e objetivos

Eis algumas diretrizes úteis para criar metas de desempenho.

1. **Envolva o funcionário no processo** – Não há nada pior para um funcionário do que receber um conjunto de metas e lhe dizerem "Isso é o que esperamos". Essa abordagem proporciona ao funcionário pouco controle sobre seu próprio futuro. Alguns deles são avessos a conflitos. Eles podem concordar com as metas sabendo que a exigência é impossível de ser cumprida. Outros pedirão demissão. Em vez disso, comece com: "O que você acha que pode atingir?" A partir daí, discuta suas expectativas.
2. **Metas devem ser específicas e mensuráveis** – O funcionário precisa saber exatamente o que deve fazer para atingir as metas acordadas e como cada uma delas será medida. Dessa forma, não haverá surpresas quando chegar a época de avaliação. Ao ser específico, deixe espaço aos funcionários para determinarem a melhor forma de alcançar suas metas.
3. **Mantenha metas realistas** – Sou totalmente a favor de tentar tirar o máximo das pessoas, mas sejamos realistas. Com isso, quero dizer que

expectativas, embora eu não tenha certeza se lhe disse quais eram." E pensar que essa mulher tinha um MBA de Harvard. Talvez adivinhação do pensamento seja ensinado em Harvard, mas certamente não é uma oferta de curso que eu já tenha visto. Como gerente, você precisa oferecer ao seu pessoal expectativas claras e feedback contínuo. Dessa maneira, os funcionários sabem *exatamente* o que se espera deles e também saberão como estão se saindo ao longo do ano, e não apenas na época de avaliação.

## Ciclo de desenvolvimento de desempenho

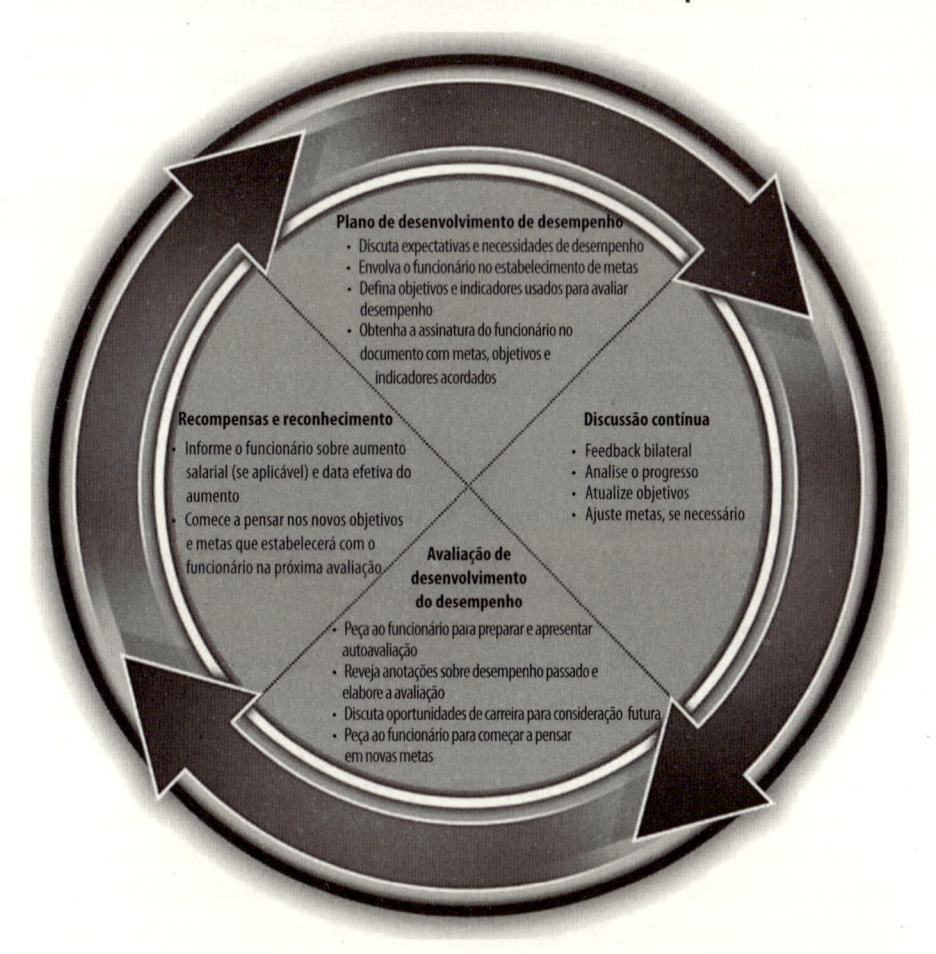

**Plano de desenvolvimento de desempenho**
- Discuta expectativas e necessidades de desempenho
- Envolva o funcionário no estabelecimento de metas
- Defina objetivos e indicadores usados para avaliar desempenho
- Obtenha a assinatura do funcionário no documento com metas, objetivos e indicadores acordados

**Discussão contínua**
- Feedback bilateral
- Analise o progresso
- Atualize objetivos
- Ajuste metas, se necessário

**Avaliação de desenvolvimento do desempenho**
- Peça ao funcionário para preparar e apresentar autoavaliação
- Reveja anotações sobre desempenho passado e elabore a avaliação
- Discuta oportunidades de carreira para consideração futura
- Peça ao funcionário para começar a pensar em novas metas

**Recompensas e reconhecimento**
- Informe o funcionário sobre aumento salarial (se aplicável) e data efetiva do aumento
- Comece a pensar nos novos objetivos e metas que estabelecerá com o funcionário na próxima avaliação

Se você trabalha em um daqueles ambientes que descrevi anteriormente, onde sinais claros da alta direção indicam que se dá pouco valor à gestão de desempenho, então você tem a oportunidade de romper com a

Gerenciar desempenho pode ser uma tarefa opressiva se você tentar fazer tudo de uma só vez. Quando prometemos fazer uma limpeza em nossa casa na primavera, sabemos o que acontece quando tentamos fazer mais do que é humanamente possível num curto espaço de tempo. Logo as folhas estão caindo e pouco mudou em relação à desordem. Isso porque a ideia de tentar executar uma tarefa monumental é opressiva para a maioria das pessoas. Mas, e se você pudesse dividir esse enorme projeto em partes administráveis? Você poderia se comprometer a limpar sua mesa esta semana e o gabinete do banheiro na próxima? Qual seria a sensação de olhar para os últimos seis meses e verificar que foi capaz de atingir um objetivo que parecia intransponível? O mesmo processo pode ser usado para gestão de desempenho. Divida o processo em momentos administráveis, para que você possa fornecer aos funcionários feedback significativo durante todo o ano e inspirar desempenho excelente, tudo enquanto mantém sua mesa organizada.

## O ciclo da gestão de desempenho

O ciclo da gestão de desempenho se inicia no primeiro dia e termina quando o funcionário deixa a empresa. Às vezes, você pode se envolver mais nesse processo do que em outras ocasiões. Isso dependerá de como as coisas estão correndo em sua empresa, bem como das necessidades de determinados funcionários.

## Crie expectativas

Comece reservando tempo para conhecer o pessoal que irá gerenciar. Isso o ajudará a avaliar eficazmente as forças, as fraquezas e as aspirações profissionais de seus funcionários. Essa conversa também lhe fornecerá informações úteis sobre a melhor forma de dar feedback. Por exemplo, você pode ficar sabendo que determinado colaborador responde melhor quando recebe feedback imediato, ao passo que outro precisa de provas de que realmente existe um problema antes de se dispor a fazer mudanças em seu comportamento.

Como funcionário, é difícil saber o que esperam de você se ninguém lhe disser. Posso falar por experiência própria. Uma vez tive uma gerente que me disse, durante minha avaliação: "Você não está satisfazendo minhas

CAPÍTULO **8**

# Gestão de desempenho

## Eu realmente tenho de fazer isso?

Quando se trata de gestão de desempenho, cada vez mais funcionários avaliam que seus gerentes precisam melhorar. Isso não é surpresa, considerando que gerentes e funcionários acham o processo desagradável. Eu tenho minhas teorias a respeito de por que isso acontece. Acredito que tudo comece no topo. A atitude relativa ao gerenciamento de desempenho e à realização de avaliações eficazes começa com o mandachuva e permeia a empresa. Imagine o seguinte cenário: o CEO acredita que o pessoal de nível executivo deve ter iniciativa e, portanto, ser capaz de gerenciar seu próprio desempenho. Assim, ele basicamente deixa seu pessoal gerenciar o próprio desempenho. De vez em quando, ele dá um tapinha nas costas quando algum executivo faz algo digno de nota. Mas é só isso quando se trata de feedback. Quando chega a época de avaliação, não é incomum para um executivo ver um aumento em seu contracheque, sem qualquer conversa formal referente ao seu desempenho. Alguns dos melhores CEOs pelo menos levarão o executivo para almoçar e poderão passar 15 ou 20 minutos falando de questões relativas a desempenho. Em seguida, mudarão rapidamente para temas referentes a projetos futuros ou esportes, enquanto terminam a refeição com uma rodada de *cappuccinos*.

O executivo ou membro da alta administração recebeu a mensagem expressa com clareza: gestão de desempenho não é muito valorizada pela empresa. Portanto, invista o mínimo possível de tempo e esforço. Esse tipo de comportamento espalha-se por todos os escalões da empresa. Se não acredita no que digo, pergunte aos milhões de pessoas que ainda estão esperando receber avaliações de desempenho que deveriam ter sido realizadas meses atrás.

*Como gerente regional de uma empresa de serviços de tecnologia, eu era uma catástrofe na contratação e retenção de pessoal. Meu braço direito (assistente) era uma malandra esperta que, durante um ano, administrou do escritório os negócios de seu marido. Ela usava nosso material de escritório, sistema telefônico e tempo de trabalho. Eu sempre me perguntava por que ela agia de forma tão dispersa e desmotivada. Em vez de abordar o assunto com ela, eu o ignorava. Um ano depois, ela "de repente" pediu demissão. Lições aprendidas: ignorar comportamentos e só enfocar habilidades é muito custoso. Contratar pelo comportamento é tão importante (se não mais) do que contratar pelas habilidades. Em retrospecto, tomara eu tivesse frequentado cursos de treinamento gerencial, para aprender a tratar de assuntos como esse.*

Lisa Nirell<br>
*Chief Energy Officer*<br>
*Energize Growth LLC*

da noite ou nos fins de semana, a menos que a situação seja tão extrema que não possa ser evitada.

**Faça elogios de forma convincente** – Se um funcionário fez um trabalho excepcional para atender as necessidades de um cliente, reconheça esse funcionário na frente de seus colegas. Melhor ainda, faça isso na frente do cliente.

---

### PRINCIPAIS PONTOS DE APRENDIZADO

- É da natureza humana desejar ser amado. Apenas certifique-se de que esse seu desejo não interfira com sua capacidade de liderar.
- Se seu melhor amigo agora é seu subordinado, então é necessário esboçar suas novas expectativas claramente considerando a mudança no relacionamento; todos devem ser claros sobre as regras de conduta.
- Não há lugar na gerência para se lamentar com integrantes de sua equipe. Se precisar de alguém para conversar, pense na possibilidade de contratar um *coach* ou entrar para uma associação de pessoas que pensam da mesma forma.
- Evitar confrontos não é uma opção para gerentes, especialmente se a questão for relacionada a desempenho.
- Criar um ambiente de trabalho onde seus funcionários se sintam valorizados e respeitados é uma parte crucial de sua função como gerente. Você pode controlar as condições que transformam esse sonho em realidade.

escreva "Alto nível de respeito". Em seguida, descreva como é estar em um ambiente de trabalho em que as pessoas apresentam níveis baixos e altos de respeito. De que lado da equação você quer estar?

Você pode ter notado, do lado esquerdo, sentimentos como frustração, baixo nível de entusiasmo, pouca vontade de se destacar, e assim por diante. O lado direito da folha provavelmente apresenta frases como sentir-se valorizado, contente, entusiasmado e disposto a ir além do que é habitual. Porém, com muita frequência, essa é uma área em que os gerentes falham miseravelmente.

Eis algumas maneiras de criar um local de trabalho onde as pessoas sintam que estão sempre trabalhando do lado certo da equação.

**Ouça mais, fale menos** – Talvez você pense que está fazendo isso, mas é provável que continue falando a maior parte do tempo. Permita que os interlocutores terminem de falar, antes de interromper. Quando um funcionário lhe revela uma situação difícil, não presuma que ele quer que você lhe forneça uma solução. Ele pode estar exprimindo seus pensamentos em voz alta. Antes de lhe dar conselhos, pergunte se é disso que ele precisa.

**Seja verdadeiro em suas comunicações** – Você já trabalhou para um chefe que diz a todos os funcionários que eles estão fazendo um ótimo trabalho, embora seja óbvio que não é isso o que acontece? Não seja esse sujeito! Se você acredita que alguém realmente merece seus elogios, então elogie. Se está preocupado com um funcionário que está atravessando um período difícil, então demonstre empatia quando se comunicar com ele. Você pode fazer isso refletindo um pouco sobre o que acabou de ser compartilhado.

**Colabore** – Peça opinião às pessoas e ouça suas ideias. Envolva-as quando apropriado e não deixe de dar crédito quando ele for merecido.

**Forneça feedback** – As pessoas gostam de saber como estão se saindo. Quando der feedback, seja bem específico, para que seus funcionários saibam quais comportamentos devem repetir e quais não devem.

**Respeite o tempo pessoal dos funcionários** – Talvez você possa trabalhar à noite e nos fins de semana porque tem poucas obrigações familiares, mas isso não significa que todos estejam na sua situação. Abstenha-se de telefonar antes do expediente e pedir que as pessoas trabalhem até tarde da direção, assegure ao seu amigo para sempre que você não revelará sua opinião para essas pessoas, que agora são seus pares. Entretanto, se ele compartilhou informações com você, que agora você se sente obrigado a discutir com os outros, é preciso avisá-lo de que fará isso, para que ele não se surpreenda se o assunto for apresentado para discussão.

Seja realista. A probabilidade de você ainda ser convidado para almoçar com a turma é diminuta. E, se for convidado, talvez você não queira mais ir. Você pode descobrir que sua amizade baseava-se estritamente na afinidade que vocês tinham no trabalho. Agora que isso mudou talvez vocês não tenham muito o que dizer um ao outro. Prepare-se para alguns momentos constrangedores, até que você tome pé da situação novamente. Entenda que você atravessou uma ponte e que agora está no terreno da gestão. É um território inteiramente novo, que precisará ser sondado, e é provável que você descubra que estará navegando sem uma bússola. Você poderá tomar a direção errada, mas, no final, encontrará o caminho de volta.

## Fuga: você está fazendo o trabalho do seu funcionário porque não quer confronto?

Quantas vezes nesta semana você disse a si mesmo "Faço eu mesmo"? Talvez tenha dito isso porque achou que levaria menos tempo do que dar instruções para outra pessoa. Ou, mais provavelmente, porque já pediu algo a esse funcionário várias vezes, e o trabalho ainda não foi feito.

No último capítulo, analisamos como alguns conflitos podem ser bons. A palavra-chave é "alguns". Se você se vir regularmente evitando esse tipo de discussão ou se o conflito virou norma, então é hora de fazer o que você é pago para fazer. Se o esforço exigido para reverter a situação (presumindo que ela *possa* ser revertida) exceder o valor obtido pela ação, considere substituir esse funcionário por alguém que faça questão de fazer o que você pede.

## Com o devido respeito: crie um ambiente de trabalho onde as pessoas se sintam valorizadas

Pegue um pedaço de papel e trace uma linha vertical no meio. Do lado esquerdo, escreva as palavras "Baixo nível de respeito" e do lado direito definiu espírito coletivo como "um modo de pensamento de que as pessoas participam quando estão profundamente envolvidas em um grupo interno coeso, quando a luta dos membros por unanimidade sobrepõe-se à sua motivação de avaliar, de maneira realista, linhas de ação alternativas", o que resulta em um falso consenso.

Pense nas situações em que você se absteve de dar sua opinião pela necessidade de ser querido. Em retrospecto, isso foi benéfico para a equipe? Ou teria sido melhor para todos os envolvidos se você apenas desse sua opinião sincera?

Em sua carreira como gerente, você pode ser solicitado a demitir um funcionário de quem o chefe não gosta. Você terá algumas escolhas a fazer. Você pode se deixar levar e cumprir a ordem ou pode apresentar as razões pelas quais esse ato pode não ser favorável à empresa. Um dos pensamentos que pode lhe ocorrer é: será que não estou me prejudicando por dar muita importância a esse assunto? Talvez, mas se você apresentar seu caso de uma forma que faça sentido poderá estar dando um impulso à sua carreira, e seu chefe verá que você não tem medo de se posicionar, algo que ele sabe que será útil quanto mais você subir na empresa.

## Melhores amigos para sempre

É natural que as pessoas com quem você trabalha acabem se tornando amigas para toda a vida. Afinal, vocês passam a maior parte do tempo em que estão acordados trabalhando juntos. Podem até socializar após o expediente ou nos fins de semana. É ótimo ter gente a quem pode fazer confidências e que entenda exatamente o que você está passando. Mas o que acontece quando o relacionamento passa de colega a chefe?

Diariamente, em todo o mundo, os melhores amigos para sempre tornam-se chefe e subordinado. O que não significa que você não pode mais ser amigo dessa pessoa. Contudo, certamente significa que haverá mudanças na dinâmica do relacionamento. Nessas situações, é melhor estabelecer algumas regras básicas, para que nenhum de vocês desaponte o outro.

Convém esclarecer suas expectativas, agora que você é responsável pelo desempenho e remuneração dessa pessoa. Você também precisará discutir qualquer coisa que ela possa ter lhe dito confidencialmente, antes de você se tornar chefe. Por exemplo, se o amigo que virou seu subordinado direto lhe disse que considerava incompetentes determinados membros

## Comunicação *versus* comiseração

Quando mais se sobe na hierarquia empresarial, mais solitário se fica. Você descobrirá que há menos gente a quem pode confidenciar suas esperanças e temores. Pode acontecer ao melhor dos líderes – com o tempo, eles param de se comunicar e começam a se lamentar com outros membros da direção e, às vezes, com funcionários.

Em tempos difíceis, sua equipe busca um líder forte, alguém em quem possa confiar para guiar o navio por mares tempestuosos. A última coisa de que precisa é de um líder expressando dúvidas sobre em que direção o capitão está levando sua tripulação. Se achar que precisa de alguém para ouvi-lo, pense na possibilidade de contratar um *coach* de executivos ou entrar para uma associação onde encontrará pessoas que pensam da mesma forma. Depois, não deixe de voltar a se comunicar com a sua equipe de forma positiva para, quando você se virar para trás, ver seus colaboradores seguindo você.

## Deixar-se levar pela correnteza mesmo quando a empresa estiver indo em direção a uma catarata

Ninguém gosta de ser conhecido como a pessoa que se opõe ao sistema ou, pior ainda, aquela que diz ao chefe que ele está prestes a cometer um erro enorme. Esse tipo de funcionário torna-se rapidamente marginalizado. Para evitar isso, muitos se deixam levar pela correnteza. Cumprem ordens da alta direção sabendo que essas decisões terão impacto negativo nos negócios.

Outro exemplo extremo de profissionais seguindo ordens da alta direção com resultados catastróficos foi o desastre do ônibus espacial *Challenger*, ocorrido em 1986, quando a nave especial explodiu após 73 segundos de voo, causando a morte de sete tripulantes. A investigação que se seguiu constatou que a causa direta da explosão foi a falha nos anéis de borracha que vedavam as juntas de um dos foguetes de combustível sólido. A investigação também indicou que os engenheiros expressaram preocupação a respeito, mas, quando houve pressão para fazer o lançamento, eles cederam.

John Schwartz e Matthew Wald, em um artigo do *New York Times*, investigaram a ideia de um fenômeno chamado "pensamento coletivo". Irving L. Janis, psicólogo de Yale e pioneiro no estudo de dinâmica social,

CAPÍTULO 7

# Você deveria se preocupar se seus funcionários gostam de você?

## Criar um ambiente de trabalho respeitoso

Como seres humanos, temos a tendência natural de querer ser amados. Mas o que acontece quando seu desejo de ser amado interfere com sua capacidade de liderar? As pessoas que gravitam em torno de cargos de liderança tendem a ser carismáticas. Esforçam-se para cativar o seu público e gostam da adoração que recebem de seus seguidores. Está tudo muito bom até que o desejo de ser querido, ou até amado, começa a obscurecer seu discernimento. A seguir, revelarei algumas maneiras de como isso pode ocorrer no trabalho, para que você evite essas armadilhas.

### Amigos de faculdade, em vez de subordinados

Em busca de ser queridos, os líderes baixam a guarda e tornam-se mais informais com seus funcionários do que deveriam ser. Por exemplo, um líder pode se juntar à sua equipe na *happy hour* e revelar mais do que deveria. Não há nada errado em tomar um copo de vinho com a equipe. Contudo, as coisas podem fugir ao controle quando um copo leva a uma garrafa. Antes que você perceba, os gerentes estão contando histórias de bebedeiras do tempo da faculdade. Intercale alguns tragos de tequila e não se pode prever o que acontece.

Se quiser ser um líder eficaz, seus seguidores devem tê-lo em alta conta. Se você ficar piegas durante a *happy hour*, eles podem respeitá-lo a noite toda, mas ainda o respeitarão na manhã seguinte?

*Em meu primeiro emprego como gerente, eu me tornei tão amiga e todos que, quando chegava a hora de tratar de uma questão gerencial ou de disciplina, eles não me levavam a sério. E mais, tive de aprender que eles não iriam "endireitar-se e entrar na linha", como diria meu pai, apenas porque eu, "amiga" deles, estava pedindo. Em vez disso, era porque "a alta direção" assim desejava. Então, aprendi sobre chamada à responsabilidade e assumi o controle do que precisava ser feito.*

*Foi quando descobri que havia realmente me tornado uma gerente.*

Linda LoCicero
*Gerente de Operações*
*The Staffing Company*

conversa de uma maneira que o funcionário possa facilmente ver por que seria de seu interesse mudar de comportamento imediatamente.
- Haverá ocasiões em sua vida como gerente em que você será solicitado a fazer o papel de terapeuta. Em vez de tentar fornecer conselhos pessoais, sugira recursos onde os funcionários possam encontrar a ajuda de que necessitam durante períodos difíceis da vida. Não tente assumir esse encargo. Certamente não desejará ser responsável pelo que poderá acontecer na sequência.
- Às vezes, não importa o que você faça, será impossível salvar o relacionamento. Faça o melhor que puder, mas esteja preparado para seguir em frente se não valer a pena salvar o relacionamento. À medida que se tornar mais experiente, será mais capaz de avaliar as situações que podem ser solucionadas e as que não podem.

3. Os estilos de trabalho são incompatíveis. Por exemplo, você precisa que o trabalho seja concluído na data marcada, mas o funcionário não presta atenção a prazos finais.
4. O colaborador lhe pediu para igualar uma oferta salarial que acabou de receber. Se você concordar, não vai demorar para que ele decida que está descontente novamente e peça um novo aumento ou saia para um novo emprego.

Com o tempo, você aprenderá que há situações que não darão certo, não importa o que você faça. Relacionamentos exigem duas pessoas trabalhando juntas para um objetivo comum; o relacionamento não sobreviverá se vocês não estiverem trabalhando em uníssono. É preciso fazer uma escolha: você está disposto a demitir a outra parte, para não afundar com ela, ou continuará persistindo até que seja você o demitido?

―――――― **PRINCIPAIS PONTOS DE APRENDIZADO** ――――――

- Funcionários problemáticos são um componente corriqueiro da vida; então, quanto mais cedo você aprender a lidar com eles, mais fácil será seu trabalho. Esses problemas não desaparecerão se você apenas ignorá-los. É necessário tomar medidas antes que outros em seu grupo de trabalho comecem a exibir os mesmos sintomas.
- É preciso apenas um funcionário nocivo para destruir tudo o que você construiu. A atenção que você deveria estar dispensando para ampliar os pontos fortes de seus outros funcionários está sendo empregada tentando minimizar os danos causados por seu funcionário problemático. Não espere que a toxicidade se infiltre no restante de sua equipe de trabalho. Tomar medidas significa remover imediatamente esse funcionário do local de trabalho.
- Nem toda confrontação é ruim. Na verdade, algumas são boas. A confrontação estimula ideias que levam à inovação. Antes de rotular alguém como funcionário problemático, certifique-se de que não está fazendo isso apenas porque ele não concorda com tudo o que você diz.
- Se está planejando confrontar um funcionário nocivo com o qual parece ser mais difícil trabalhar do que com os outros, aborde o assunto totalmente preparado. Isso significa ir à reunião com exemplos específicos de como seu comportamento está afetando diretamente a equipe e os objetivos que você está tentando atingir. Esteja preparado para resistência. Formule a

situação. Na maioria dos casos, a outra pessoa também está interessada em eliminar a tensão; assim, ambos poderão avançar juntos.

Com prática, esse tipo de conversa será menos incômodo, e a experiência fortalecerá sua capacidade de liderança. Você também notará que, por alguma razão, parece que você tem menos "funcionários problemáticos" do que pensava inicialmente.

## Esse casamento pode ser salvo?

Sou totalmente a favor de salvar um relacionamento. Mas também sei que haverá vezes em que, não importa o que você faça, será impossível salvar o relacionamento. Então, como saber se você deve se dar ao trabalho de salvá-lo? Eis algumas perguntas que você deve fazer:

1. A outra pessoa está interessada em aplicar esforços para salvar o relacionamento ou ela já jogou a toalha? Lembre-se, é preciso duas pessoas para fazer um relacionamento dar certo.
2. Quanto precisarei investir nessa situação, e o retorno valerá a pena? Talvez seja menos custoso cortar o cordão umbilical e começar de novo.
3. Qual é meu custo de oportunidade de empregar meu tempo nisso? Em outras palavras, se você está passando horas semanalmente com esse funcionário, o que pode estar sendo esquecido?

### SINAIS DE QUE O RELACIONAMENTO NÃO PODE – OU NÃO DEVE – SER SALVO

Há indicadores claros de que alguns relacionamentos não podem ser corrigidos. Se você não reconhecer esses sinais logo de início, outros questionarão seu discernimento. Eis alguns exemplos:

1. Seu funcionário vai até seu chefe e lhe diz que você é incompetente. É muito difícil recuperar a confiança em um funcionário que acabou de golpeá-lo pelas costas.
2. Um funcionário intencionalmente divulga informações confidenciais para seus concorrentes. Esse indivíduo decidiu jogar para o outro time. Troque-o antes que ele cause mais danos.

chance de ocorrer isso se ambas as partes abordam a situação preparadas para o pior. Imagine como essa interação seria diferente se as partes abordassem a situação presumindo que a outra pessoa gostaria de resolver a situação amigavelmente. Você estaria então trabalhando em direção a uma visão compartilhada. Uma tática que aprendi trabalhando com Libby Wagner, da Libby Wagner and Associates, oferece duas variações de como pode ser a confrontação no ambiente de trabalho.

## CENÁRIO NÚMERO 1: À MANEIRA ANTIGA

"Esse Tommy! Ele sempre procura a solução mais fácil. Mas desta vez ele foi longe demais. Da próxima vez que nos reunirmos, vou lhe dizer que estou cansado de receber relatórios de contas a receber que não contenham as recomendações que solicitei. Eu sou seu chefe, não sua *baby-sitter*!"

Esse cenário deixa bem claro que as coisas vão realmente esquentar na reunião. Nenhuma das partes ouvirá a outra porque cada uma estará muito ocupada em atribuir culpa. É improvável que muita coisa mude como resultado dessa interação.

Como você acha que ficaria a situação se o chefe entrasse na conversa com uma perspectiva diferente? O que aconteceria se o chefe pedisse a Tommy, de maneira respeitosa, para mudar de comportamento?

## CENÁRIO NÚMERO 2: UM NOVO ENFOQUE

"Tommy, podemos nos sentar e conversar em particular por alguns minutos? Estou confuso. Da última vez que conversamos, você concordou em colocar em minha mesa, até o meio-dia de sexta-feira, o relatório completo de contas a receber, juntamente com suas recomendações sobre as contas que deveriam passar para cobrança. No entanto, nas últimas quatro semanas, apenas um de seus relatórios incluiu as recomendações. O que você precisa de mim para melhor apoiá-lo nessa tarefa? Como podemos avançar?"

O procedimento do chefe durante essa confrontação parece muito diferente daquele do primeiro cenário. Aqui, sentimos que o chefe realmente quer apoiar seu funcionário. Ele é respeitoso e está tentando ser parte da solução. Ele não deixou a situação progredir durante seis meses. Caso contrário, ele poderia facilmente ter recorrido ao cenário número um por pura frustração.

Se você começar a encarar os conflitos como um meio de melhorar seu entendimento de determinada situação, será menos propenso a ser uma daquelas pessoas que têm dores no peito só de pensar em lidar com uma

Recentemente conversei com um cliente que descrevia um funcionário que não estava trabalhando como ele esperava. Seu funcionário se recusava a assumir projetos que estavam na lista de atribuições de seu cargo. O cliente também mencionou como o funcionário estava tornando a vida de todos desagradável. No entanto, em vez de confrontar o funcionário, ele disse que ia esperar até que encontrasse outro cargo dentro da empresa, de modo a se livrar dele.

Eu sugeri uma tática diferente. Por que não dizer ao funcionário que ele chegou até onde poderia em seu grupo de trabalho e que era hora de ir embora? Essa atitude certamente será benéfica ao funcionário, bem como ao cliente, e muito provavelmente levará menos tempo do que esperar que ele dê adeus por conta própria. Ele achou minha ideia brilhante.

Eu sei que nem todos estão dispostos ou são capazes de lidar com conflitos à minha maneira. Mas e se você conseguisse ser mais eficaz em pedir uma mudança de comportamento que pudesse beneficiar a você e a pessoa com quem está lidando? Aí você estaria disposto a tentar?

Vamos começar mudando a maneira como vemos o conflito. Sempre que pensamos em conflito, tendemos a lhe dar uma conotação negativa. Todavia, os conflitos podem ser bons. Eis por que: os conflitos fomentam a inovação. Eles ajudam a pegar boas ideias e torná-las notáveis. Eis um exemplo do que quero dizer. Você já reparou que as melhores ideias parecem vir de outras ideias? Pense no que aconteceria se todos concordassem com tudo o que foi sugerido e parassem por aí. Você acha que produtos inovadores como smartphones existiriam se ninguém na sala desafiasse a ideia de que um telefone poderia ser usado para mais do que apenas fazer e receber ligações? Feche os olhos e imagine as faíscas voando pela sala, à medida que cada participante defendia sua posição durante essa discussão.

Os conflitos também podem ser benéficos. Voltemos ao meu exemplo sobre o gerente que estava optando por não confrontar seu funcionário. Se ele estivesse disposto a confrontá-lo e fizesse isso de uma maneira que permitisse que o profissional percebesse por que partir seria o melhor, ele provavelmente minimizaria a dor e o transtorno não raro associados aos conflitos. Nesse exemplo, a confrontação respeitosa pode liberar o funcionário para encontrar um trabalho onde ele seja valorizado, em vez de ficar preso a um emprego sem perspectiva de progresso, onde seu chefe acredita que ele está sendo miseravelmente malsucedido. Seu chefe pode até mesmo ajudá-lo na transição para a saída da empresa.

Os conflitos proporcionam inúmeras oportunidades de crescimento através de melhor entendimento e percepção. Entretanto, há pouca

## Adoce o ânimo do funcionário

Há ocasiões em que bons funcionários ficam mal-humorados. Quando isso acontece, pense quando foi a primeira vez que você notou a mudança de comportamento dessa pessoa. Foi logo depois que você fez uma avaliação de desempenho excepcional sobre ela e, em seguida, teve de lhe dizer que não haveria aumento salarial? Ocorreu logo depois que a empresa anunciou demissões? Ou foi quando você foi designado para cobrir mais um departamento, o que lhe deixou menos tempo para passar com esse colaborador? Se você puder identificar onde seu funcionário se desviou do curso talvez seja capaz de redirecioná-lo para que ele se reúna ao grupo.

Estou lhe pedindo para pensar sobre essas questões porque, se você conseguir identificar um acontecimento ou acontecimentos específicos que fizeram um funcionário empenhado ficar desencantado, poderá fazer algumas mudanças simples no modo como tem trabalhado com ele. Eis o que quero dizer. Se tomarmos o exemplo do funcionário que recebeu uma avaliação de desempenho excepcional, sem aumento de salário, podemos examinar outras maneiras de reconhecer o comprometimento desse colaborador. Você poderia ver com o RH se é possível uma promoção. Ou poderia reconhecer a contribuição dessa pessoa para o sucesso do grupo na próxima reunião de equipe. Talvez você possa atender o pedido desse funcionário de trabalhar em casa alguns dias por semana.

A única opção que você não tem quando a atitude de um funcionário em relação ao trabalho torna-se negativa é não fazer nada. A situação não melhorará sozinha e, na maior parte das vezes, vai apenas piorar. Reconheça o problema, analise as opções e depois tome uma decisão do caminho a seguir.

## Recursos que você pode usar para reduzir conflitos

Quando se trata de conflitos, a única coisa sobre a qual todos concordamos é como eles são incômodos para a maioria das pessoas. As pessoas relutam em enfrentar problemas que estão tendo com um funcionário, um colega de trabalho ou mesmo com o chefe. Todavia, fingir que está tudo bem certamente não vai melhorar a situação. Eis outro exemplo de por que evitar o conflito com um de seus subordinados diretos não será benéfico para o funcionário, para você ou para a empresa.

E se as coisas não melhorarem? Você tem um horizonte muito curto para modificar radicalmente esse comportamento. Meu conselho é propor um plano de desempenho para seu funcionário, que inclua exatamente o que você exige e as datas específicas até as quais você espera que o profissional mude radicalmente sua situação. Inclua exatamente o que acontecerá se a programação não for cumprida. Por exemplo, o funcionário será colocado num programa formal de melhoria de desempenho ou será demitido? Depois faça o acompanhamento como você estabeleceu, de modo que o funcionário saiba que você está empenhado em resolver o problema de uma forma ou de outra.

## Meu funcionário está atravessando um período difícil: evite a mudança de gerente para terapeuta

Passamos tanto tempo no trabalho que não deve ser surpresa que a linha entre trabalho e família torne-se indistinta. Mas mesmo quando isso acontece, quase sempre não estamos preparados. No início de minha carreira, lembro-me de um funcionário que veio falar comigo, e eu pensei que fosse um conselho sobre um assunto relacionado ao trabalho. Eu passei duas horas (que é bem mais do que deveria) ouvindo-o relatar seus problemas conjugais. Falando sobre se sentir despreparado. Eu era uma mulher solteira, de 24 anos, que não sabia nada sobre casamento, muito menos sobre divórcio, e ainda estava aprendendo minha nova função. Eu queria ser solidária, mas desconhecia totalmente o assunto.

Um fato como o que acabei de descrever pode acontecer com você, então é melhor saber o que fazer. Um bom lugar para começar é perguntar ao RH ou ao seu superior se a empresa tem um Programa de Assistência ao Funcionário (PAF). Esses programas são uma ótima fonte de orientação para funcionários com necessidade de serviços profissionais. Todas as conversas são confidenciais, e os serviços podem ser gratuitos ou ter uma pequena taxa.

O que você faz se sua empresa não fornece acesso a um PAF? Procure uma empresa sem fins lucrativos que possa ajudar seu funcionário. Ou sugira que ele converse com alguém de sua igreja ou sinagoga que possa orientá-lo nesse período difícil. É melhor localizar recursos antes que as situações ocorram, para que você tenha um lugar, que não seja o sofá de sua sala, onde os funcionários possam encontrar ajuda.

de maneira passiva), antagonismo, atritos ou críticas visando ser diferente e má vontade de ajudar os colegas de trabalho em uma cultura que valoriza a colaboração. Funcionários nocivos são altamente contagiantes e, não raro, debilitam o restante de seu local de trabalho se não for tomada uma medida imediata. Normalmente, a única cura que funciona é a demissão.

Alguns funcionários nocivos não têm ideia de que estão doentes. Muitas vezes, isso acontece porque ninguém jamais os confrontou, por medo de sua raiva. Pense nessas pessoas como os *bullies* do parque infantil. Mas agora você não tem 5 anos e sua mãe não está lá para assegurar que todos brinquem direitinho.

O único jeito de enfrentar um *bully* (ou, em nosso caso, um funcionário nocivo) é enfrentá-lo cara a cara. Antes de atacar, você precisará ter certeza de que está preparado para a batalha. Comece pondo no papel todos os comportamentos que você notou e o impacto que eles estão tendo na empresa. É preciso ser bem específico sobre o comportamento que observar. Por exemplo, dizer a um funcionário nocivo que ele teve uma atitude má, que foi percebida por outras pessoas, não produzirá nenhum efeito a não ser estimular a situação. A resposta mais provável que receberá dele é: "O que você quer dizer com atitude má? O problema aqui não sou eu. É você!" Nesse exato momento, é bem possível que você queira sair correndo da sala, procurando por um de seus pais para assumir a situação.

Agora imagine como a conversa correria se você fornecesse pormenores a esse funcionário, referentes às suas observações e ao impacto de seu comportamento em outras pessoas. Por exemplo, você poderia dizer: "John, eu reparei, em nossas reuniões de equipe, que você não deixa os outros terminarem o que estão dizendo, antes de lhes dizer por que eles estão errados. Por exemplo, na última sexta-feira, quando Bill estava dando sua opinião sobre como corrigir os bugs do software que estão atrasando o lançamento de nosso novo produto, você o interrompeu no meio da explicação para lhe dizer que suas ideias nunca dariam certo. Eu não acredito que você queira fazer isso. Mas quando isso ocorre, eu me pergunto se você notou, como eu, a reação de Bill e de outros membros da equipe em relação ao seu comportamento. Parece que as pessoas se fecham e não se dispõem mais a trabalhar para solucionar o problema."

Em algumas situações, esse será um momento de ruptura. John talvez lhe peça para fornecer mais exemplos, então esteja preparado para relatar mais de uma ocorrência que você observou. Ele pode lhe pedir sugestões de como mudar sua atitude. Esteja preparado para ter algumas respostas para perguntas que consegue antever.

CAPÍTULO **6**

# Lidando com funcionários difíceis

## Estratégias para se manter são em épocas insanas

Pergunte aos gerentes do que eles menos gostam em suas funções, e a maioria responderá: lidar com funcionários problemáticos. Funcionários problemáticos são componentes corriqueiros da vida; então, quanto mais cedo você aprender a lidar com eles, mais fácil será seu trabalho. Espere um pouco, você pode estar pensando que, se fizer o que eu digo e contratar a pessoa certa, não terá de se preocupar com isso.

Com o tempo, pessoas e circunstâncias mudam. Pense em pessoas que conhece e que passaram por acontecimentos que mudaram sua vida. Por exemplo, você consegue pensar em alguém cuja personalidade mudou drasticamente enquanto cuidava de um pai idoso ou que estava passando por um divórcio? E um funcionário que parecia ser o profissional perfeito até que seu salário foi congelado?

É melhor estar preparado para toda e qualquer situação. O pior que pode acontecer é você nunca vir a precisar dessas habilidades. Mas, como em um exercício contra incêndio, é melhor saber onde estão localizadas todas as saídas de emergência, para a eventualidade de um dia você precisar dessa informação.

## Funcionários nocivos

Vamos começar definindo um funcionário nocivo. Para nossos propósitos, ele é alguém cujos comportamentos e atitudes negativos têm efeito imediato sobre todos aqueles com quem ele entra em contato. Sinais que indicam um funcionário nocivo em seu ambiente de trabalho incluem lutas internas, calúnias, comportamento passivo-agressivo (ações agressivas realizadas

*Fui promovido e tive a responsabilidade de gerenciar meu melhor amigo, que tentou, e conseguiu, se aproveitar do fato de que éramos muito amigos. Ele esperava ter tratamento especial, não comparecia ao trabalho e esperava que não houvessem consequências. Minhas opções eram demiti-lo ou perder meu emprego por incompetência.*

*Eu o demiti, pelas razões certas, e levei comigo uma lição valiosa sobre gerenciar departamentos, a qual me foi de grande auxílio ao longo dos anos. Em retrospecto, ele era nocivo ao departamento da empresa que eu tentava gerenciar. Faça o que você considera certo e tudo correrá bem, mesmo que na ocasião não pareça.*

Ray McTier
*Estrategista de Tecnologia e Gestão*
*Ray McTier Consultants*

porque muitos *millennials* entram no local de trabalho como elefantes numa loja de porcelanas. Eu, por outro lado, os vejo mais como garanhões. Com treinamento e orientação adequados, eles podem ser preparados para tornar-se verdadeiros competidores no ambiente de trabalho.

Os *millennials* querem e precisam de estrutura. Se você atirar um projeto na mesa deles ao passar por seus cubículos, terá de lidar com as consequências. Com isso, quero dizer que eles podem ir à sua sala a cada 10 minutos pedindo mais esclarecimentos. Não tenha pressa para lhes dizer exatamente o que você quer que seja feito, e eles farão. Se não fizer isso, não demorará muito para você sair correndo para procurar um treinador de cavalos.

## PRINCIPAIS PONTOS DE APRENDIZADO

- Para ter êxito no ambiente empresarial de hoje, os gerentes devem estar aptos a aproveitar as diferenças de geração entre os trabalhadores para criar oportunidades. Começamos por entender de onde as pessoas vêm, para que possamos determinar a melhor forma de apoiá-las e gerenciá-las como indivíduos. Devemos nos familiarizar com as diferenças e semelhanças de cada geração, a fim de podermos derrubar quaisquer barreiras que impeçam a união de nossa força de trabalho.
- Veremos mudanças radicais no cenário do ambiente de trabalho à medida que os *baby boomers* começarem a sair em massa. Alguns setores, como tecnologia e varejo, podem ser menos afetados por essa mudança, uma vez que esses setores tendem a empregar uma força de trabalho mais jovem. Todavia, em muitos setores, incluindo empresas de utilidade pública e instituições educacionais, o impacto da aposentadoria dos *boomers* será devastador. Examine seu ambiente e planeje-se de maneira apropriada.
- Há muitos mitos a respeito de cada uma das gerações. Esforce-se para ignorar muito do que ouve; em vez disso, faça suas próprias observações e chegue às suas conclusões.
- Cada geração tem algo a contribuir para o trabalho. Crie programas de aconselhamento e aconselhamento reverso, para que os profissionais possam se destacar enquanto orientam outros que podem ser menos experientes em determinada área.

Sinto-me incomodada quando vejo anúncios que visam meu grupo demográfico. Eu me pergunto que jovem de vinte e poucos anos pensou que essa mensagem específica repercutiria em pessoas de minha faixa etária! Ao projetar produtos para determinado segmento da população, pergunte ao pessoal da empresa quem é apropriado para fornecer opiniões. Isso o impede de criar um produto ou de acrescentar características dispendiosas que serão consideradas inúteis pelo mercado visado.

Mostre através de atos, e não apenas de palavras, que você não pretende substituí-los por alguém mais jovem a qualquer momento (obviamente, não faça isso se sua intenção for exatamente a oposta). Isso o ajudará a criar um ambiente de trabalho baseado em lealdade e confiança, dois componentes necessários para envolver trabalhadores maduros.

## Socorro! Meu funcionário está me tratando como se eu fosse filho dele!

Identifico-me pessoalmente com quem já teve de tolerar funcionários que o tratam como filho. No início de minha carreira, tive uma secretária que costumava abanar seu dedo para mim quando ficava aborrecida com alguma coisa que eu fizera, exatamente como um pai revoltado teria feito com um filho pequeno. Isso me deixava possessa.

Finalmente, não aguentei mais e decidi que já era hora de ter uma conversa com ela. Ela ficou chocada ao me ouvir dizer que ela fazia isso. Ela estava tão acostumada a apontar o dedo para a própria filha (que tinha a minha idade) que isso se tornou parte de sua maneira de ser. Nós duas rimos quando ela se desculpou e concordamos que ela sentaria sobre as mãos da próxima vez que ficasse chateada comigo.

O funcionário que o trata como criança pode não ter ideia de que está se comportando dessa forma. Dê-lhe exemplos específicos do que ele está fazendo e que faz você se sentir dessa maneira, e peça sugestões sobre o que ele acredita que possa ser feito para melhorar a situação.

## Desencadear o potencial de trabalhadores mais jovens

Eu sou grande admiradora dos *millennials*. Seus recursos são impressionantes. Entretanto, muitas pessoas talvez nunca tenham percebido isso comprometidos com a missão e metas de sua empresa. Michael exulta quando fala que a Rockland Trust foi recentemente eleita pelo Boston Globe como "uma das 100 melhores empresas de Massachusetts".

Uma recente pesquisa realizada pela Catalyst constatou que os integrantes da Geração X são muito empenhados em suas funções e em suas carreiras: 85% relataram que seu destino no trabalho é importante, e 83% disseram que estão dispostos a se empenhar muito mais do que normalmente se espera, para ajudar suas empresas a serem bem-sucedidas. As pessoas, independentemente da idade, demonstram altos níveis de comprometimento com suas empresas se acharem que estão fazendo uma diferença.

4. **Trabalhadores mais velhos carecem de vigor.** Haja o que houver, não diga ao seu funcionário que corre na Maratona de Boston todos os anos que você acha que ele não tem vigor para fazer o trabalho. Trabalhadores maduros estão em melhor forma do que aqueles que os antecederam.

Se você já teve a sorte de ver uma apresentação de Mick Jagger, líder dos Rolling Stones, sabe exatamente o que quero dizer. Em uma entrevista mais antiga, um Jagger jovem disse a um repórter que, se ainda estivesse cantando "Satisfaction" com quarenta e poucos anos, ele se mataria. Hoje, ele está perto dos 70 e não apenas continua cantando "Satisfaction" em shows de estádios, mas faz um espetáculo estelar. Preciso dizer mais?

## Motivar seus trabalhadores maduros

Discutimos anteriormente o que você pode fazer para reter trabalhadores maduros. Agora vamos falar brevemente sobre o que você pode fazer, especificamente, para mantê-los motivados.

As pessoas gostam que lhes peçam opiniões, especialmente em se tratando de trabalhadores maduros. Pense na possibilidade de organizar um programa de orientação de funcionários por mentores, para que trabalhadores maduros possam trabalhar lado a lado com os mais jovens, a fim de compartilhar sua sabedoria e experiência. Ao mesmo tempo, crie um programa de aconselhamento reverso, em que funcionários mais jovens compartilhem seu conhecimento com funcionários maduros, que podem se beneficiar ao ouvir uma porção de ideias novas, sem contar todas as dicas de como usar e maximizar a tecnologia.

Peça a opinião de seus funcionários, especialmente se a empresa está tentando estender o alcance de marketing para um público semelhante.

de pessoas que tentam enfiar *todo e qualquer indivíduo* em quadradinhos bonitinhos, para que consigam que o organograma em seus slides de PowerPoint fique perfeito. Esses são apenas alguns dos muitos mitos comuns que ouvimos sobre as gerações no ambiente de trabalho. Os preconceitos obstruíram significativamente nosso poder de unir as gerações no trabalho. Proponho eliminar esses mitos, para que você possa se concentrar no que precisa para engajar as pessoas no local de trabalho. A melhor maneira de quebrar esses mitos é revelar alguns dos mais comuns. A seguir estão quatro, que é bem possível que você ouça.

1. **Trabalhadores mais jovens são preguiçosos.** Tudo o que você precisa fazer é andar pelo escritório depois das cinco da tarde e verá por si mesmo. A maioria do pessoal jovem sumiu. Então, obviamente, podemos presumir que são preguiçosos e não se dispõem a investir o tempo adicional necessário para subir na empresa.

    Eu entrevisto centenas de *millennials* em várias organizações de todo o país, para o trabalho que faço referente a gerações, e uma frase que sempre vem à baila é: "Não confunda nossa habilidade de executar o trabalho rapidamente com preguiça!" Esse grupo não é preguiçoso. Eles são eficientes. Eles acreditam que não devem ficar sentados em seus cubículos, aparentando estar permanentemente ocupados, só porque trabalham com eficiência. Tomara eu tivesse sido tão esperta quando tinha a idade deles. Eu desperdicei horas de minha vida mudando os papéis de um lugar para o outro, esperando meu chefe sair para que eu pudesse ir embora.

2. **Trabalhadores mais velhos não estão interessados em aprender.** É mesmo? Talvez você devesse dizer isso a Don Weedin, de 85 anos, de Poulsbo, Washington, que recebeu seu diploma do ensino médio aos 40 anos. Ou conversar com os milhões de trabalhadores mais velhos que deixam seus empregos todos os dias porque acham que não estão mais aprendendo.

    Muitas pessoas, jovens e velhas, trabalham porque gostam de ser desafiadas. Só porque você entra nos "enta" não significa que seu cérebro saiu de férias. Forneça aos seus trabalhadores maduros novas oportunidades de aprender e veja como eles continuam se desenvolvendo.

3. **A Geração X tem baixo nível de comprometimento com o trabalho.** Eles deixam você de um momento para o outro. É mesmo? Diga isso a Michael Shipman, da Geração X, Vice-presidente de Talento e Desenvolvimento Organizacional da Rockland Trust, de Hanover, Massachusetts. Ele e muitos outros de sua geração são totalmente

aposentadoria em fases é atraente porque os trabalhadores podem continuar sendo remunerados em condições mais flexíveis, enquanto o empregador retém funcionários valiosos por mais tempo.
2. **Planejamento de sucessão** – O planejamento de sucessão é um processo pelo qual a empresa assegura que os funcionários sejam recrutados e desenvolvidos para preencher cada cargo-chave dentro da empresa. Esse tipo de planejamento geralmente é feito por empresas maiores, que têm recursos para tal. Porém, isso não significa que você não possa fazer isso por conta própria. Na verdade, gerentes eficazes fazem isso o tempo todo, talvez de uma maneira mais informal.

    Elabore um organograma de sua equipe atual e seus cargos. Em seguida, examine detidamente as qualificações exigidas para cada cargo. Agora pense em quem você pode colocar em cada uma dessas funções, caso alguém deixe a empresa. Se não houver ninguém em seu grupo de trabalho para preencher determinado cargo, então se pergunte o que alguém da equipe precisaria a fim de estar preparado para ocupar a posição. Em seguida, comece a preparar esse funcionário para o próximo passo, fornecendo-lhe treinamento, desenvolvimento e aconselhamento, para assegurar que ele esteja pronto para ingressar nesse cargo quando chegar a hora. Gerentes excelentes estão sempre procurando meios de desenvolver seu pessoal. Eles raramente se preocupam em investir em funcionários que possam deixá-los por outra empresa porque sabem que, se tratá-los corretamente, eles permanecerão com eles por muito tempo.

    Alguns de vocês podem estar se perguntando por que conviria treinar seu substituto. Eis o porquê. Seu chefe pode hesitar em promovê-lo, se não houver ninguém que possa facilmente ocupar seu cargo.
3. **Contrate pelo potencial** – Agora, mais do que nunca, você vai precisar fazer um ótimo trabalho de contratar pelo potencial. Se sua equipe, em especial, consiste em funcionários bastante experientes, não vai demorar para que você precise recrutar pessoal de cargos mais baixos. É fundamental que você busque novos funcionários que demonstrem ter potencial de crescimento. Afinal de contas, esse pessoal pode se tornar sua equipe "A" mais cedo do que você imagina.

## Quebrar mitos comuns associados às gerações

"Eles não estão realmente interessados no trabalho." "Eles não sabem nada sobre tecnologia." "Eles são um bando de chorões." Já chega! Estou farta

Como gerente, você precisa estar ciente dessas tendências, para que possa se preparar para o inevitável. Vamos começar examinando atentamente o que você pode fazer para se preparar para essa mudança, que ocorrerá quando trabalhadores maduros deixarem o trabalho.

1. **Seja flexível** – Disponha-se a examinar pedidos para modificar cronogramas de trabalho, por menos convencionais que esses pedidos possam parecer. Claro, ninguém da empresa já trabalhou metade do ano em Boston e a outra metade em Miami, mas isso não quer dizer que não possa ser feito. Empresas como CVS e Home Depot oferecem aos seus funcionários oportunidades de bater as asas quando chega o frio e retornar ao ninho quando o público começa a ficar animado novamente. Isso lhes permite conservar funcionários experientes dispostos a voltar ao trabalho correndo. Os gerentes também podem, ao permitir esse tipo de cronograma de trabalho sazonal, acomodar seu contingente de pessoal em locais que atendem as necessidades de um público crescente nos horários de maior movimento. Muitas empresas menores estão agora adotando esse esquema de ir para locais mais quentes e montar escritório em casa, especialmente com aqueles trabalhadores que viajam muito. O custo de montar um escritório em casa atualmente é tão razoável que muitos empregadores estão mais abertos a esse tipo de opção, especialmente se não concordar significa perder um trabalhador valioso. Esse sistema concede aos trabalhadores mais velhos, que aguardam ansiosamente a aposentadoria, a oportunidade de continuar trabalhando de uma maneira que lhes seja conveniente.

    Deixe que seus funcionários resolvam seus problemas. Se um funcionário lhe disser que quer dividir as funções do mesmo cargo, peça-lhe para trazer a outra pessoa que está disposta a assumir as funções.

    Se um funcionário lhe pedir uma licença para cuidar do pai idoso ou do filho doente, faça tudo o que puder para lhe conceder o tempo de que ele precisa. Quando ele retornar ao trabalho, estará mais empenhado do que quando se afastou.

    Converse com o dono de sua empresa ou com a alta direção para verificar a possibilidade de oferecer aposentadoria em fases. Às vezes, sabendo que você tem a opção de se afastar gradualmente da empresa, a qualquer tempo, é mais importante do que realmente fazê-lo. A aposentadoria em fases permite aos funcionários reduzir seu horário de trabalho ou responsabilidades. Alguns trabalhadores reduzirão seu horário de trabalho e perceberão que preferem trabalhar em tempo integral. A opção de

Ashley certamente não está interessada em conquistar certos privilégios com trabalho duro. Nunca esteve, nunca estará. Ela é uma cidadã interessada e tem até uma planta em seu cubículo. Acredita que sua geração mudará as coisas. Isso não soa familiar?

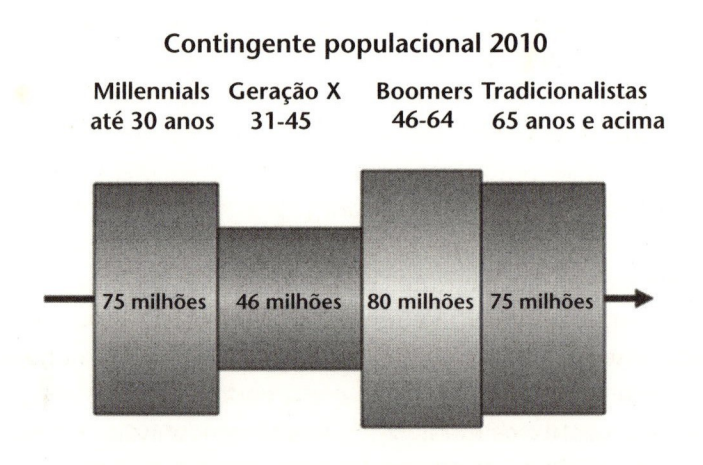

**Contingente populacional 2010**

| Millennials | Geração X | Boomers | Tradicionalistas |
|---|---|---|---|
| até 30 anos | 31-45 | 46-64 | 65 anos e acima |
| 75 milhões | 46 milhões | 80 milhões | 75 milhões |

© Human Resource Solutions. Todos os direitos reservados.

## Mudança sísmica: o impacto do perfil demográfico em transformação sobre o ambiente de trabalho

Talvez já tenha ouvido predições de que enfrentaríamos uma escassez de mão de obra catastrófica no ano 2010. Graças a uma das piores recessões da história, evitamos esse desastre. Mas por quanto tempo? Os *baby boomers* não se aposentaram em massa, como previsto, porque muitos não puderam mais parar de trabalhar devido aos seus fundos minguantes de aposentadoria. Trabalhadores mais velhos continuam adiando a aposentadoria. Mas muitos serão forçados a deixar a força de trabalho devido a enfermidades e outras circunstâncias alheias à sua vontade.

Tudo o que você precisa fazer é examinar o contingente populacional e ver que haverá lacunas enormes nas empresas quando os *boomers* começarem a sair em massa. Não há elementos suficientes da Geração X para ocupar o lugar deles. Embora possa haver um grande grupo de *millennials* esperando para preencher os cargos deixados pela Geração X, que acabarão subindo na hierarquia, muitos deles não terão as habilidades e a experiência necessárias para assumir rapidamente essas funções.

Aqueles que conhecem Barbara bem a descrevem como competitiva. Ela competiu com os milhões de outras *baby boomers* a vida inteira, todas competindo por um número limitado de empregos.

Como muitas *boomers*, Barbara tenta dar conta de tudo. Ela faz um horário absurdo, enquanto cuida de sua família e de pais idosos. Ela acha que os funcionários mais jovens da empresa ficam abismados com sua capacidade de trabalho, quando, na verdade, a maioria deles se pergunta por que alguém daria tudo o que tem para uma empresa que poderia facilmente dispensá-la amanhã.

## A GERAÇÃO X (NASCIDOS ENTRE 1965 E 1981)

Michael é da Geração X. Ele é um sujeito informal e, à primeira vista, você nunca imaginaria que ele é membro da gerência, devido à sua roupa casual. Michael não vê o significado de gastar dinheiro com contas de lavagem a seco. Afinal, quantas pessoas o visitam em seu cubículo?

Michael é o tipo de sujeito que gosta de fazer acontecer. Ele não entende a necessidade dos *boomers* de convocar uma reunião para falar sobre reuniões. Ele prefere executar o trabalho à sua maneira, o que significa que raramente está no escritório antes das 9 horas ou depois das 17 horas.

A área de trabalho de Michael tem uma decoração espartana, de modo que ele pode facilmente embalar suas coisas de um momento para o outro. Michael cresceu em uma época de downsizing empresarial. Seu pai foi demitido mais vezes do que ele consegue se lembrar. Ele sabe que nenhum emprego é para sempre.

## OS *MILLENNIALS* (NASCIDOS ENTRE 1982 E 2000)

Conheçam Ashley. Ela é jovem, moderna e está pronta para lançar sua carreira em marketing... tão logo termine de ouvir sua canção favorita do Black Eyed Peas, que ela acabou de baixar no computador, no horário de expediente.

O pessoal da geração de Ashley cresceu num ambiente em que seus pais sempre fizeram tudo por eles e, em alguns casos, ainda continuam fazendo. Ela faz muitas perguntas e, quando se esquece de alguma, sua mãe entra em cena.

Como seus colegas, Ashley está acostumada a fazer várias coisas ao mesmo tempo. Ela é uma fera em tecnologia e consegue digitar mais rápido que qualquer um no escritório, embora não consiga escrever uma carta comercial decente. Protocolo empresarial? Esqueça!

## Conheça as gerações

Examinando atentamente as diferenças e semelhanças de cada geração, você estará mais bem preparado para unir sua força de trabalho. Vamos começar conhecendo as gerações.

Naturalmente, nem todos em cada uma das gerações são como os personagens das descrições a seguir, mas você pode ter uma boa ideia de cada geração ao ler suas histórias. Talvez você pense que não consegue se identificar de maneira alguma com a pessoa que representa sua geração. Talvez porque você esteja na extremidade de um desses perfis demográficos. Mas, se estiver no vértice de uma das gerações, você pode se identificar melhor com a geração anterior ou posterior à sua. Certamente, todos conhecemos gente que consegue se encaixar facilmente nessas descrições.

### O TRADICIONALISTA (NASCIDO ANTES DE 1945)

Conheça Max, o Sr. Tradicionalista. Max, que hoje está na alta direção, cresceu nas trevas da Grande Depressão e sempre foi agradecido por ter um emprego. Ele começou na empresa há 35 anos, na sala de correspondência, e permaneceu leal desde então.

Max está se ajustando à tecnologia lentamente. Ele consegue enviar por e-mail fotos de seus netos para qualquer pessoa do escritório que queira vê-las, mas tem dificuldade de enviar anexos de e-mails. Isso surpreende alguns dos funcionários mais jovens, que são constantemente chamados para ajudar Max em questões de tecnologia.

Ao longo do tempo, Max poupou dinheiro para seus "anos dourados". Infelizmente, o que Max e outros de sua geração não conseguiram prever foi a queda da bolsa de valores na data programada para sua aposentadoria. Assim, agora Max não tem planos imediatos para desocupar sua bonita sala de canto, para grande desalento de seus colegas de trabalho mais jovens.

### OS *BABY BOOMERS* (NASCIDOS ENTRE 1946 E 1964)

Conheçam Barbara, uma *baby boomer*. Ela leva seu trabalho a sério (alguns dizem que, talvez, a sério demais). Barbara sente-se empolgada de ser participante da primeira geração de mulheres que pôde escolher entre trabalhar ou ficar em casa.

CAPÍTULO **5**

# Integração de gerações

## Aproveitar as diferenças no ambiente de trabalho para criar oportunidades

Sou só eu que acho ou os rostos no local de trabalho parecem diferentes atualmente? Pela primeira vez na história, temos quatro gerações (ou cinco, dependendo de quem está contando) no ambiente de trabalho. É uma mudança e tanto dos anos 1950, quando 60% da força de trabalho consistiam em homens brancos. Eles eram tipicamente os únicos chefes de família na casa e esperavam se aposentar aos 65 anos para passar seus anos dourados no campo de golfe. Que diferença faz meio século!

Hoje, alguns trabalhadores só iniciam suas carreiras bem depois dos 40 anos. Alguns trabalhadores maduros estão retornando ao trabalho depois de criar os filhos, enquanto outros estão mudando de atividade voluntariamente (tempo de tentar algo novo) ou involuntariamente (seus cargos foram transferidos para o exterior). Graças à recessão de 2009, os *baby boomers* estão adiando sua saída, à medida que tentam reformular seus portfólios de aposentadoria. Isso nos deixa com a frustrada Geração X, que achava que agora já estaria se mudando para aquelas salas de canto, e, nos Estados Unidos, com uma imensidão de cerca de 75 milhões de trabalhadores mais jovens, também conhecidos como *millennials*, que desafiam diariamente a maneira como se trabalha (depois falaremos mais sobre a contribuição dos *millennials*).

Como se a gestão já não fosse bastante complexa, os gerentes de hoje devem estar aptos a aproveitar as diferenças de geração entre os trabalhadores para criar oportunidades. Para fazer isso, primeiro é preciso entender o ponto de vista dessas pessoas, de modo que se possa compreender melhor o que pretendem e a melhor forma de gerenciá-las.

*Aos 23 anos, tornei-me responsável pela supervisão de um grupo de subordinados diretos. Em minha função atual de supervisão de produção da Merck, muitos de meus subordinados são mais velhos do que eu. Aliás, quase 50% deles têm filhos mais velhos do que eu!*

*Trabalho em um ambiente com sindicato forte, uma coisa para a qual eu não estava preparado. A situação sindicato versus empresa é algo conservador para mim. Estou mais acostumado a trabalhar em um ambiente de equipe onde atuamos como uma unidade.*

Michael Alston, Jr.
*Supervisor de Produção*
*Merck*

- Para estabelecer credibilidade e conquistar o respeito dos integrantes da equipe, colegas e gerentes, você precisa se firmar rapidamente como um líder confiável. Isso se consegue sendo honesto e transparente, fazendo o que promete, sendo autêntico, tratando as pessoas corretamente e mostrando aos outros que você é firme e disposto a responsabilizar os funcionários.
- Sua habilidade de influenciar os outros depende do nível de confiança que você tem na conta de seu "banco de confiança". Eis maneiras de estabelecer confiança: demonstrar sua competência, que inclui seus recursos, resultados e histórico; exibir comportamento coerente; remover obstáculos que podem estar atrapalhando seus relacionamentos; e sendo respeitoso e autêntico.
- A confiança, normalmente, pode ser recuperada, mas você precisa estar disposto a admitir onde falhou e deve prometer agir de forma diferente. E, sobretudo, deve mostrar às pessoas evidências de que está disposto a fazer tudo o que for preciso para reconquistar sua confiança.

- Prometa acertar as coisas – Guie-se por sua promessa.
- Redefina expectativas enquanto avança – Informe os funcionários exatamente o que você vai fazer enquanto segue adiante.
- Faça o que diz que fará – Mantenha a promessa.

Covey também observa: "Os melhores líderes reconhecem que a confiança nos afeta 24 horas por dia, 7 dias por semana, 365 dias por ano. Ela reforça e afeta a qualidade de qualquer relacionamento, qualquer comunicação, qualquer projeto de trabalho, qualquer empreendimento de negócios, qualquer iniciativa na qual estamos empenhados. Ela muda a qualidade de cada momento presente e altera a trajetória e o resultado de cada momento futuro de nossa vida – tanto pessoal quanto profissional."

Criar confiança é uma habilidade que pode ser aprendida, mas você precisa estar disposto a praticá-la o tempo todo. Essa é uma habilidade merecedora de investimento de tempo e energia porque lhe proporcionará benefícios nos próximos anos.

---

## PRINCIPAIS PONTOS DE APRENDIZADO

- Uma das habilidades mais importantes que os gerentes devem dominar é a arte da influência. Como gerentes, estamos sempre trabalhando para pôr o pessoal em ação. Exercer influência habilmente aumentará a aceitação de suas ideias, garantirá o envolvimento de outras pessoas e melhorará a colaboração.
- Há uma clara diferença entre influência e manipulação. Quando optamos por influenciar, nós o fazemos de maneira autêntica. Já consideramos todas as alternativas e cremos que a ação favorece todas as partes envolvidas. Quando optamos por manipular, fazemos isso sabendo que o objetivo que temos em mente é benéfico para nós e talvez não vise o interesse dos demais.
- Se quiser que as pessoas façam o que você lhes pede, então você deve ter uma visão compartilhada. Todos devem trabalhar voltados para uma meta comum ou será difícil obter alinhamento.
- Há uma diferença substancial nos resultados de longo prazo quando as pessoas fazem alguma coisa porque estão engajadas, e não apenas obedecendo ordens. Na condição de gerente, você precisa criar um ambiente que inspire o pessoal a trabalhar em direção a uma visão compartilhada.

**Seja respeitoso** – Isso pode parecer muito mais fácil do que é realmente. Eis apenas uma das muitas maneiras pelas quais os gerentes deixam de ser respeitosos. Na última vez que seu telefone tocou enquanto você estava reunido com um funcionário, o que você fez? Se disser que atendeu o telefone, pode ser hora de repensar até que ponto você é respeitoso com seus funcionários. É difícil estabelecer uma ligação verdadeira com um funcionário enquanto faz várias coisas ao mesmo tempo. Na verdade, é impossível.

**Seja autêntico** – Integridade e propósito são as bases da confiança. Você precisa ser honesto, e seu propósito deve ser mutuamente benéfico. Isso significa que você crê inteiramente em que o que está prestes a fazer visa o interesse dos envolvidos, e não apenas o seu próprio. Isso significa ser honesto em sua conduta com as pessoas. Se um colega de trabalho pede feedback sobre a forma como conduziu determinada situação, dê-lhe o que está pedindo, lembrando-se de ter sempre certo tato.

## Restabelecer a confiança

Mencionei anteriormente neste capítulo que pode haver vezes em que você comete um erro que diminui um pouco da confiança em sua conta. Mas o que acontece quando você faz uma retirada que o deixa no vermelho?

Se tiver sorte, você terá oportunidade de se recuperar da devastação causada por uma quebra substancial de confiança. Segundo Stephen Covey, autor de *A velocidade da confiança: o elemento que faz toda a diferença*, você não pode se safar de um problema que seu comportamento criou. Você precisa usar o comportamento para sair da situação em que está. Eis o que precisa fazer:

- **Seja verdadeiro** – Perda de confiança é um problema sério que tem sérias consequências. Você deve enfrentar o fato de que perdeu a confiança daqueles que o rodeiam.
- **Assuma a responsabilidade** – Admita o fato com a afirmação "eu". Com isso quero dizer que você deve começar seu pedido de desculpa com a palavra "eu", e não "a alta direção" ou "os banqueiros" ou qualquer outra entidade externa que você imagina que possa culpar pela situação.

conseguir o que queremos ou necessitamos. Construir sua conta exige tempo e esforço. Contudo, essas contas pagarão dividendos se continuar confiando nesse modelo.

Você precisa começar a criar confiança desde o princípio. Cada dia que passa é uma oportunidade perdida de construir um relacionamento com os membros de sua equipe nos quais você mais confia. Por isso é tão importante, desde o primeiro dia, demonstrar um comportamento que estabeleça um alto nível de confiança.

Eis algumas maneiras de estabelecer alto nível de confiança:

**Seja coerente** – Confiança profunda conquista-se quando você exibe comportamentos coerentes por um longo período. Pense em gente que você conhece que faz isso bem. Como é seu relacionamento com essas pessoas? Você lhes confiaria sua vida? Depois pense em outras cujo comportamento varia de acordo com o tempo. Como é seu relacionamento com essas pessoas? Você estaria disposto a andar na corda bamba se elas estivessem segurando uma ponta da corda?

**Demonstre sua competência, que inclui seus recursos, resultados e histórico** – Não sei quanto a você, mas eu certamente não vou confiar em alguém para operar um membro da família, a menos que o médico possa demonstrar que é competente na cirurgia que está prestes a fazer. Os mesmos tipos de decisão são tomados em empresas o tempo todo, embora nessas situações raramente seja uma questão de vida ou morte. As tarefas almejadas vão para aqueles profissionais que demonstraram, ao longo do tempo, que são capazes de levar a cabo com êxito o trabalho que lhes é atribuído. O oposto também é verdadeiro. Se alguém não consegue desempenhar nem cumprir o prometido, provavelmente não confiaremos nele.

**Remova o entulho** – É difícil recuperar a confiança se houver obstáculos atrapalhando. Gosto de chamar esses obstáculos de entulho. São as coisas que estão na sala e que você se recusa a retirar. Eis um exemplo: todos sabem que você disse que não haveria mais demissões, embora no mês passado tenha feito uma "redução da força de trabalho". Chame do que quiser, mas continuam sendo demissões. Seus funcionários não esperam que você seja perfeito. No entanto, eles esperam que você admita seus erros, exatamente como você espera que eles façam. Acabe com a tensão e desculpe-se por ter dito algo que você lamenta. Dessa forma, todos podem seguir em frente.

Sua credibilidade também aumentará quando tratar as pessoas corretamente. Note que eu não disse tratar as pessoas da mesma forma porque igual nem sempre é justo. Por exemplo, é natural que você dê mais autonomia a um funcionário veterano do que a alguém recém-contratado. A pessoa recém-contratada precisará de mais orientação de sua parte, o que significa que você não pode atender seu pedido de trabalhar em casa alguns dias por semana. Contudo, você pode atender esse tipo de solicitação de um funcionário de reconhecido valor, que já demonstrou que pode trabalhar sozinho de maneira eficiente.

Firmeza, especialmente na área de responsabilidade, é outro elemento essencial para estabelecer credibilidade. Embora seja importante firmar sua autoridade logo de início e fixar metas difíceis, mas realizáveis, é ainda mais importante manter todos os membros da equipe responsáveis por altos níveis de desempenho desde o princípio. Isso pode ser problemático para novos gerentes, já que ninguém quer ser visto como o vilão. Todavia, você deve responsabilizar os profissionais por seu desempenho ou os outros não o levarão a sério.

É dessa forma que se constrói credibilidade e se conquista o respeito dos integrantes da equipe, de colegas e gerentes. Sem esse alicerce sólido, você provavelmente não conquistará o apoio necessário para se tornar um gerente eficaz.

## Criar confiança

A sua capacidade de influenciar outra pessoa depende do nível de confiança que estabeleceu com essa pessoa. Alguma vez alguém em quem você não confiava lhe pediu para fazer alguma coisa? Qual foi sua reação? Você fez o que ela pediu? Muito provavelmente, você recusou o pedido. Afinal de contas, por que você faria alguma coisa por alguém cujos motivos você questionava?

Sempre que pensar em confiança, pense em uma conta bancária. Toda vez que fizer algo para criar confiança, faça um depósito. Quanto mais depósitos fizer, mais confiança você cria. De vez em quando, pode haver uma leve quebra de confiança, talvez por causa de um mal-entendido. Chamaremos isso de retirada. Mas, se você tiver bastante confiança em sua conta, uma retirada ocasional não o levará à falência.

Toda vez que interagimos com alguém estamos fazendo um depósito ou uma retirada. Quanto mais depósitos tivermos feito, mais fácil será vitalícios. Se não goza de muita credibilidade, essa jogada poderia destruir o que você se esforçou tanto para construir, caso ocorra outra demissão. Imagine o que acontecerá se uma retração econômica resultar em mais uma redução da força de trabalho? Quem vai se dispor a ajudar a empresa a sair do buraco em que está? Certamente não aqueles membros do grupo que acham que não podem mais confiar em você.

Naturalmente, haverá ocasiões em que você não será mais capaz de cumprir o que afirmou. É nessa situação que você deve ser honesto e transparente. Eis um exemplo do que quero dizer com isso: suponha que você tenha dito a um funcionário que lhe daria uma promoção, juntamente com um aumento salarial, em junho. Em maio, a empresa suspende todas as promoções e aumentos salariais. Alguns gerentes esperariam até junho para informar o funcionário de que ele não receberá o que foi prometido. Entretanto, um bom gerente, do tipo que se preocupa com o funcionário, o notificaria tão logo a informação foi recebida, para que ele possa reajustar suas expectativas. Essa espécie de transparência ajudaria o gerente a construir credibilidade. Como? A situação oferece a oportunidade de o gerente demonstrar empatia, ao reconhecer como isso deve ser desalentador para o funcionário. É também uma ocasião em que o gerente pode encontrar meios alternativos de reconhecer o funcionário por seus esforços, a fim de que ele continue empenhado.

Outra forma de construir credibilidade é ser autêntico. Novos gerentes, especialmente aqueles que foram promovidos dentro da empresa, não raro, consideram isso desafiador, pois eles tentam imitar o estilo de seus chefes. Aliás, às vezes eles começam a se parecer com seus chefes. Os outros observam devidamente essa mudança visível. Quando você não é autêntico, pode ser visto como mais interessado em construir sua própria carreira do que em ajudar os demais a atingir seus objetivos. Por isso é melhor ser você mesmo e criar seu próprio estilo de gestão.

Você foi promovido ou recebeu esse cargo porque outros acreditam que você pode dar conta do recado. Durante o processo de entrevista, você demonstrou que tinha características únicas que o tornavam a escolha certa para o cargo. Baseie-se nessas características para que possa rapidamente construir credibilidade. Por exemplo, se você é conhecido como alguém que não tem medo de pedir ajuda quando precisa, continue agindo assim. Ou, se é conhecido como alguém que sempre foi criativo, continue a apresentar suas novas ideias. A lição aqui é ser fiel a si mesmo e aos que o rodeiam, sendo autêntico. Não mude quem você é só porque agora tem um cargo.

as pessoas façam o que você deseja. Pense um pouco. Você trabalharia voluntariamente noites e fins de semana para concluir uma iniciativa ou projeto se não estivesse totalmente empenhado? Estaria disposto a encontrar uma solução para um desentendimento que estava tendo com um amigo se ambos não compartilhassem a visão de manter o relacionamento? Os resultados que obtiver quando usar influência irão variar, dependendo de seu grau de habilidade para direcionar as pessoas a um alto nível de comprometimento e visão compartilhados. A melhoria virá com a prática. À medida que melhorar sua habilidade de influenciar, você será capaz de criar um ambiente de trabalho baseado em engajamento, e não em obediência. Você promoverá um ambiente onde as pessoas fazem o que você pede porque querem, não porque não têm outra opção senão obedecer.

## Construir credibilidade

Como estabelecer credibilidade com a equipe e colegas de trabalho quando se tem um currículo limitado? Faça isso dando um passo de cada vez. Comece com honestidade e transparência. Que outra escolha você tem? Claro, você poderia certamente fingir que já dirigiu um projeto desse tamanho em outro lugar ou se esforçar para dar aos outros a impressão de que sabe exatamente o que está fazendo. Mas você quer ir trabalhar diariamente preocupado com que as pessoas descubram que você realmente não é o que diz ser? Alguns de vocês podem estar pensando que muita gente faz isso. Sim, é verdade. Mas muitos profissionais acabam fracassando porque os membros da equipe não estão dispostos a se esforçar para ajudá-los a fazer sucesso. Em lugar disso, eles cruzam os braços esperando que essa pessoa seja malsucedida porque sabem que ela não é nem um pouco verdadeira.

A forma mais rápida de desenvolver credibilidade é fazer o que promete. A forma mais rápida de perdê-la é não fazer o que promete. Manter suas promessas é um conceito tão simples, porém parece que poucos fazem isso bem. Por quê? Porque não raro nossas intenções não correspondem ao nosso comportamento. Com isso quero dizer que suas intenções podem ser nobres, mas suas ações indicam o contrário. Por exemplo, talvez você tenha dito aos seus funcionários que não haveria mais demissões porque queria tranquilizá-los. Você pode ter sido bem-intencionado, mas o que fez quando transmitiu essa mensagem foi prometer algo que não pretendia, tal como empregos usaria de influência para direcionar você a uma ação que nos permita ter uma visão compartilhada do sucesso de nosso projeto. Neste capítulo, investigaremos como podemos usar a influência de maneira respeitosa para direcionar os funcionários a uma visão compartilhada.

### USANDO INFLUÊNCIA

Quando estiver se preparando para enfrentar uma situação em que precisa usar influência, examine os fatores que podem afetar seu resultado. Pergunte-se o seguinte:

- Objetivo: Qual é o objetivo ou resultado desejado? Que resultados quero alcançar?
- Participantes: Quem são as pessoas envolvidas e qual é a atual situação de relacionamento?
- Ambiente: Que outros fatores externos podem afetar a situação e o resultado desejado?
- Habilidades: Como devo abordar a situação? Que comportamentos podem ajudar a atingir o objetivo?

## Criar um ambiente em que "visão compartilhada" é mais do que um mantra

Peter M. Senge, que foi considerado pela revista *Journal of Business Strategy* um dos 20 estrategistas mais influentes do século XX, que tiveram maior impacto sobre a maneira como fazemos negócios hoje, escreveu muito sobre o assunto de criar ambientes de trabalho produtivos. Seu livro *A quinta disciplina* deu-lhe notoriedade e popularizou o conceito de "organização que aprende". Senge define as organizações que aprendem como "organizações em que as pessoas expandem continuamente sua capacidade de criar resultados que elas realmente desejam, onde maneiras novas e expansivas de pensar são encorajadas, onde a aspiração coletiva é livre e onde as pessoas estão constantemente aprendendo a aprender coletivamente". Então, o que isso tem a ver com influenciar? Muito!

Senge identifica cinco disciplinas que diferenciam as organizações que aprendem de organizações mais tradicionais. A que é mais relevante à nossa discussão sobre influência é a disciplina de visão compartilhada. Esse é um dos motivadores-chave, que é providencial para conseguir que

CAPÍTULO 4

# O que você quer que eu faça?

## A arte de influenciar seus colaboradores para conseguir o que você precisa

Imagine como a vida seria muito mais simples se você pedisse alguma coisa e realmente recebesse o que pediu. Chamamos isso de arte de influenciar. "Influência", conforme definição do Dictionary.com, é a "ação ou processo de produzir efeitos sobre as ações, comportamento, opiniões etc. de outras pessoas". Em essência, isso significa que você faz uma solicitação de tal maneira que os outros se dispõem e conseguem cumpri-la.

Em nossa vida, influenciaremos milhares de pessoas. Agora, antes que você diga que isso é claramente um exagero, pense em quantas pessoas você influenciou só nesta semana. Você conseguiu convencer seu filho a fazer algo que lhe pediu? Foi capaz de persuadir seu amigo a ir a determinado restaurante esta semana? Pediu a um funcionário para fazer algo e ele fez exatamente o que você solicitou? Estes são exemplos de influência.

Quando influenciamos as pessoas, nós as impelimos para alguma ação. Você já reparou como algumas pessoas são hábeis em fazer isso acontecer? Elas podem conseguir que você faça alguma coisa sem que você perceba que estão usando sua capacidade de persuasão. Antes de prosseguirmos, precisamos entender como essa influência difere da manipulação. Quando usamos de manipulação, influenciamos, mas de forma desleal. Por exemplo, posso convencer você de que sou eu quem deve comunicar as conclusões de nosso relatório à equipe de executivos, porque quero toda a glória para mim. Por outro lado, se eu percebesse que sofreríamos muita oposição dos executivos, oposição a qual só eu saberia responder, então

*Em 2007, inaugurei minha empresa, Prometheus Springs. Houve uma série de contratempos no início de meu novo empreendimento. Eu usava o mesmo estilo de gestão que via sendo usado por meus superiores, quando eu trabalhava em publicidade. "Se você não puder fazer, eu consigo alguém que pode!" Não demorou muito para eu começar a criar ressentimento em minha própria empresa. Eu expulsava sócios da empresa e passava tempo excessivo falando sobre a situação de parcerias, enquanto pouco estava sendo feito para vender nosso produto. A princípio, culpei o pessoal por essa confusão. Depois percebi que meu estilo de gestão era a causa dos problemas. Eu não estava assumindo a responsabilidade pela liderança de minha empresa. Eu também percebi que a administração pelo medo não produzia resultados sustentáveis. Ela criava mais problemas.*

*Eu sabia que, se quisesse ter êxito, precisaria construir uma equipe que avançasse comigo. Para isso, tive de restabelecer minha credibilidade. Eis como fiz isso. Desculpei-me por não ser chefe quando deveria ter sido. Prometi ser um bom chefe. Assumi o comando e avisei o pessoal que estava disposto a liderar. Depois fiz o que prometi que faria. Comecei a liderar. Também disse ao meu pessoal que eu não sabia tudo e que estava buscando a orientação de CEOs que tinham mais experiência do que eu.*

Rahul Panchal
*Presidente e CEO*
*Prometheus Springs*

## PRINCIPAIS PONTOS DE APRENDIZADO

- Uma das mais importantes habilidades que você precisará dominar é a de selecionar funcionários de grande talento para sua empresa. Faça isso bem, e será capaz de dedicar seu tempo para desenvolver uma equipe alinhada com as metas e valores da organização. Não domine essa estabilidade e desperdiçará inúmeras horas corrigindo problemas relacionados a desempenho e entrevistando substitutos.
- Nem pense em iniciar o processo de seleção antes de ter se dado ao trabalho de definir claramente a função. Dessa maneira, você não desperdiçará tempo avaliando candidatos que, para começar, nunca deveriam ter sido convocados para entrevista.
- Contrate pela compatibilidade e pelo talento; treine as habilidades. Se você contratar alguém que seja questionador, que aprenda depressa e tenha interesse em assumir novos desafios, ele não deve ter problemas em aprender o que precisa saber para ter êxito na função.

mais tarde, ela estava bem preparada para assumir minha função, que foi exatamente o que ela fez. Isso é o que se chama contratar pelo talento.

A maioria das histórias não tem final feliz como a de Megan porque, ao contratarem, os gerentes encontram alguém que já fez o serviço antes e supõem ter encontrado a pessoa ideal. Sim, podem ter encontrado a pessoa ideal, mas para outrem. Os valores desse candidato ao posto podem ter-se alinhado aos da empresa que deixou, mas podem ser o oposto do que se encaixa na empresa onde você trabalha. Isso explicaria por que um candidato que era bem-sucedido em seu último emprego pode se tornar um desastre quando trabalha em algum outro lugar. O período de lua de mel termina rapidamente quando o gerente percebe que algumas coisas, como atenção aos detalhes, paixão e positividade, não podem ser ensinadas.

## Mudança de comportamento

Alguns talvez afirmem que é óbvio que o comportamento pode ser mudado. Em seguida, citam exemplos de pessoas que eles foram capazes de mudar. Mas a que custo? Talvez, depois de anos de terapia (e dinheiro), eles tenham conseguido que seu cônjuge ou filho mudasse seu comportamento. Ou, quem sabe, eles conseguiram transformar um funcionário que talvez precisasse de um pouco mais de afeto para alcançar seu potencial? Isso foi realmente uma mudança de comportamento?

Eu afirmaria que sim, alguns comportamentos podem ser mudados. Mas por que você tentaria transformar um círculo em um quadrado quando há tantos círculos por aí que se encaixam perfeitamente em sua empresa? Muitos gerentes inexperientes não possuem as habilidades necessárias para produzir mudanças de comportamento. Talvez você desenvolva essas habilidades com o tempo, mas neste exato momento essa é a última coisa que você deveria estar fazendo. Lembre-se, sua função é ajudar seus principais colaboradores a crescer. Você consegue fazer isso se passa metade do dia trabalhando com pessoas que talvez não tenham a matéria-prima necessária (ou o desejo) para que você os transforme em uma obra de arte?

No próximo capítulo, nos aprofundaremos em como determinar quais candidatos possuem as características e o talento que serão a pessoa certa para sua situação.

bem-sucedidas na função. Naturalmente, há certas funções, principalmente aquelas na área médica, em que as habilidades sempre prevalecerão sobre o comportamento. Por exemplo, se eu estivesse contratando médicos para um hospital, escolheria cirurgiões que demonstraram que estão no topo de sua especialidade, em detrimento daqueles que têm personalidade agradável mas experiência limitada. O médico com personalidade agradável pode ter características que indiquem que ele aprende rápido, mas minha intuição me diz: deixe-o aprender ocupando o tempo de outra pessoa! Estamos falando aqui de vida e morte.

Felizmente, a maior parte das contratações que você fizer não será uma questão de vida ou morte, embora certamente pareça que é para você. Especialistas concordam que contratar pelo talento é o caminho certo. Em seu livro *First, Break All the Rules*, os autores Marcus Buckingham e Curt Coffman compartilham constatações de duas grandes pesquisas realizadas pela Gallup Organization, nos últimos 25 anos. Essas pesquisas foram conduzidas para determinar o que torna notáveis gerentes excelentes. Os alvos da pesquisa Gallup foram, invariavelmente, aqueles gerentes que se destacaram em transformar o *talento* de cada funcionário em desempenho. Buckingham e Coffman explicam como os melhores gerentes selecionam um funcionário pelo talento, e não por habilidades ou experiência.

No final dos anos 1990, eu era diretora de RH em uma empresa transportadora. A companhia tinha 320 funcionários em 18 locais, e eu dirigia tudo sozinha. Dizer que eu fazia o trabalho de duas pessoas seria dizer muito pouco. Finalmente, recebi o sinal verde para acrescentar mais uma pessoa à minha equipe. Havia muitos candidatos "qualificados" para a função, mas poucos demonstravam que tinham o talento necessário para criar um departamento de recursos humanos de primeiro mundo. Foi quando conheci Megan. Era formada em Ciências Humanas e se mudara para Boston para ser bem-sucedida. E isso ela conseguiu.

Megan não tinha nenhuma formação em RH nem trabalhara em ambiente empresarial. Mas eis o que ela realmente tinha: ela trabalhava desde os 14 anos. Tinha um espírito de profissional empreendedora que não admitia derrota, e iniciara alguns pequenos negócios antes de ir para a faculdade. Ela vinha de uma família de posses, embora talvez você não percebesse. (Morava em um apartamento com duas outras mulheres, a fim de ser bem-sucedida por conta própria.) Era inteligente, automotivada e disposta a fazer todo o possível para cumprirmos nossas metas absurdas. Eu a contratei por seu potencial e, quando deixei a empresa cinco anos função e é responsável pelo trabalho de outros. Eis que surge um candidato que pode tapar o buraco que foi criado recentemente quando seu melhor funcionário decidiu fazer uma viagem de um ano pela Austrália ou, talvez, mais do que isso. Você faz o que os gerentes mais inexperientes fazem. Você se acomoda. Você acha que esse sujeito será adequado e você está certo. Ele é adequado e nada mais.

Lembre-se, você é tão bom quanto o pessoal de sua equipe. Você quer ser conhecido como um gerente que é "adequado" ou quer ser o gerente com a reputação de ter uma equipe imbatível? Se for a última opção (e, se não for, o melhor seria você se juntar àquele sujeito da viagem), nunca deve se acomodar. Se você procurar bem, encontrará funcionários excepcionais. Mas você precisa acreditar que é possível e que você merece ou terá dificuldade em convencer esse pessoal de que você é digno de seus talentos.

Antes de tomar uma decisão final de contratação, pergunte-se o seguinte:

- Já entrevistei candidatos suficientes para saber que essa é a pessoa certa para o cargo?
- Ampliei o meu campo de ação o suficiente para assegurar que eu tivesse um bom conjunto de candidatos qualificados dentre os quais escolher?
- Essa pessoa ajudará a levar nossa equipe para um patamar superior?
- Tenho algumas preocupações sobre esse candidato que podem indicar que estou me acomodando?
- Investi o tempo e a energia necessários para uma busca apropriada ou só estou disposto a acabar logo com isso?

Depois que examinar suas respostas a essas perguntas, você saberá se está tomando a melhor decisão possível de contratação, considerando o que sabe ou se está se acomodando.

## Argumento a favor de contratar pelo talento, não pelas habilidades

Sempre acreditei que se pode treinar a maioria das pessoas para fazer qualquer coisa se elas tiverem certas características que indicam que serão é limitado a empresas que estão contratando executivos ou cargos difíceis de preencher.

Quando trabalhar com uma agência terceirizada, é preciso entender que ela está trabalhando *para si própria*. A pessoa que ajuda a encontrar candidatos para sua vaga de emprego receberá uma comissão *somente* se fizer a colocação. É um ramo difícil e não é incomum descobrir que o indivíduo que o ajudou a contratar alguém seis meses atrás não estará mais lá da próxima vez que você telefonar.

A melhor forma de encontrar uma agência terceirizada é através de recomendações, já que há muitas agências que usam práticas nem um pouco éticas. Por exemplo, elas podem tentar roubar o candidato que colocaram recentemente em sua firma quando tiverem uma vaga semelhante para preencher seis meses mais tarde. Ou podem adiar o envio de um candidato regular até que você tenha visto alguns candidatos que nunca contrataria. Eles esperam que você considere excepcional esse candidato regular, com base no que você já viu. Quando trabalhar com agências, resista à tentação de reduzir as taxas de comissão que você paga para muito abaixo da média ou os melhores candidatos irão para a empresa que está pagando a taxa integral, enquanto você receberá os restantes.

4. **Contratar pelas habilidades, não pela compatibilidade** – Se voltarmos ao nosso exemplo do namoro, provavelmente poderemos pensar em várias pessoas que teríamos considerado como companheiros de vida (ou ao menos como segunda opção), baseados na lista de "qualificações" que elaboramos. No entanto, sabemos que, em muitos casos, formalizar esses relacionamentos teria terminado em catástrofe. Isso porque talvez nossos valores não estivessem alinhados. Todos têm certas características (também conhecidas como comportamentos ou competências) que aprendemos no jardim de infância ou que estão arraigadas em nossa personalidade. Se você já tentou mudar o comportamento de um adolescente, sabe como isso é difícil (ou mesmo impossível). Tente transformar um funcionário de 35 anos, que prefere trabalhar sozinho, em um membro da equipe. Isso pode ser feito? Talvez, mas não sem muito trabalho, e certamente o esforço não é garantia de sucesso. Por que não contratar alguém que estimula a energia dos demais, permitindo que o candidato mais introvertido encontre um cargo no qual a habilidade de trabalhar de forma independente seja bastante valorizada?

5. **Acomodação: contratar o homem certo imediatamente** – Aqui está você. Acabou de ser promovido, está tentando aprender sua nova

de sua linha de visão e encerrar o assunto? Há uma série de razões pelas quais esse método pode não produzir os resultados que você busca. Vamos supor que você limite sua decisão às referências do funcionário. É bastante provável que acabe com uma equipe que se parece e pensa da mesma maneira, pois as pessoas geralmente ficam com aquelas com quem têm muito em comum. Ou suponha que você decida limitar sua procura de candidatos a um site de baixo custo como o Craiglist. Será que você deixará de fora candidatos excepcionais que talvez não estejam ativamente procurando novas oportunidades?

O custo de contratação caiu bastante, graças à internet e à explosão das mídias sociais. Há tantos recursos por aí que pode ser massacrante. Alguns são melhores que outros. Quanto mais você ampliar seu campo de ação, maior a probabilidade de encontrar o candidato ideal. Lembro-me de quando morava em Boston e estava procurando meu par (romântico) perfeito. Positivamente, eu não namoraria alguém fora da cidade onde eu morava. Obviamente, isso era um fator limitante, então estendi meus parâmetros para um raio de 50 quilômetros. Nenhum bom resultado. Então ampliei meu alcance novamente, e ainda assim não encontrei muitos candidatos viáveis. Foi só depois que decidi ampliar meu campo de ação o máximo possível que encontrei meu par perfeito. Se ao menos eu tivesse feito isso no início, não teria desperdiçado inúmeras horas tentando selecionar o melhor entre os piores de meu grupo limitado, nem teria usado recursos preciosos tentando transformar candidatos errados em algo que eles nunca se tornariam.

Amplie seu campo de ação o máximo possível. Gerentes contratantes devem envidar todos os esforços. Use sua rede social e aproveite os relacionamentos que desenvolveu através de associações relacionadas ao trabalho e de organizações pessoais. Pense com criatividade. Onde podem estar seus potenciais candidatos? Você não acreditaria no volume de *networking* que ocorre nos campos de futebol de todo o mundo enquanto os pais observam seus rebentos tentarem se tornar o próximo David Beckham!

3. **Recusa em pagar taxas de recrutamento** – Às vezes, a pessoa que você precisa contratar pode não estar disponível de imediato ou você pode não ter tempo de examinar uma tonelada de currículos. É aqui que uma agência de recrutamento (que só é paga quando coloca um candidato) ou uma empresa de seleção de pessoal (que é paga de antemão e encontra exatamente o tipo de funcionário que você procura) pode ser benéfica. O uso de empresas de seleção de pessoal geralmente

## Contratação

Uma das habilidades mais importantes que você precisará dominar como gerente é a de selecionar grandes talentos para sua empresa. Faça isso bem, e despenderá muito menos tempo corrigindo problemas e entrevistando candidatos substitutos. Não domine essa habilidade e talvez não demore muito para você se ver do outro lado da mesa de entrevistas.

Começaremos com os conceitos básicos para assegurar que você tenha uma base sólida de apoio às suas recém-adquiridas habilidades. Para isso, vamos fazer um exame cuidadoso dos erros mais comuns cometidos por gerentes contratantes.

1. **Não definir claramente a função** – Muitas vezes, ouço gerentes contratantes dizerem que já sabem quando veem. Minha resposta é: "Como vocês sabem se não têm ideia do que é?" Essa atitude me lembra de namoros quando se tem 16 anos. Vemos alguém por quem nos sentimos atraídos e imediatamente pensamos: é ele/ela. Não importa que os dois não tenham nada em comum. Vocês sabem que vai dar certo. Obviamente, poucos se casam com pessoas que namoraram na adolescência. Isso porque, em algum momento, percebemos que será preciso mais do que um pressentimento para garantir que haja um final feliz para sempre.

    Antes de iniciar o processo de contratação, defina claramente o cargo que seu novo funcionário irá ocupar. Isso é geralmente chamado de elaborar uma descrição do cargo (ver o apêndice para obter uma amostra de descrição de cargo). Relacione *todos* os deveres e responsabilidades que a pessoa receberá. Sempre é possível retroceder e encurtar a lista. Em seguida, examine as habilidades e formação *mínimas* exigidas para o cargo e coloque-as na parte que chamaremos de qualificações mínimas. Note que eu disse "mínimas". Pense um pouco. Embora fosse ótimo contratar um assistente de marketing com PhD, é realmente disso que você precisa, e alguém com essas credenciais ficaria satisfeito nesse cargo? Em seguida, reveja a descrição do cargo. Ela descreve um cargo ou três, que será impossível preencher com apenas uma pessoa? Depois retroceda e faça revisões, para que fique claro exatamente o que você procura. Sugiro fazer isso mesmo que você trabalhe para uma empresa pequena, em que o conceito de descrição de cargo talvez pareça totalmente radical.

2. **Não ampliar o campo de ação** – Convenhamos. Contratar é exaustivo. Por que não escolher entre o melhor grupo de candidatos dentro

CAPÍTULO **3**

# Adquirir talento

O fato de Joseph Lilly não reconhecer desde o início que certas características são mais benéficas que outras, dependendo da empresa e da situação, tornou seu ingresso na gerência muito mais difícil do que precisava ser. Foi só depois que ele trouxe alguém especializado em gestão de operações que teve essa epifania. Felizmente, você não terá de esperar anos. Apenas tem de ler este capítulo e estará bem encaminhado para contratar com sucesso.

Tenha seus marcadores de texto à mão. Por quê? Há muita informação que vale a pena assinalar. Quando você seleciona bem seus funcionários, tudo o mais se encaixa. Você eliminará as consequências negativas de erros de contratação dispendiosos, incluindo moral baixo que pode prejudicar os resultados de seu trabalho com apenas uma maçã podre em seu grupo. Você será capaz de reduzir drasticamente a quantidade de energia que normalmente consumiria em questões relacionadas a desempenho e, em vez disso, terá tempo para ajudar seus "principais" jogadores a atingir *todo* o seu potencial. Alguns de vocês talvez estejam pensando: "Isso é fantástico. Tudo o que tenho de fazer é ler este capítulo e pronto!" Se a vida fosse assim tão fácil. Há muito o que aprender sobre o processo de seleção. Talvez você precise ler este capítulo mais de uma vez. Precisará praticar essas habilidades para tornar-se perito. Prepare-se para cometer alguns erros. Acontece com os melhores de nós.

*Uma coisa para a qual eu não estava preparado, quando fui promovido a gerente, era como gerenciar profissionais que não trabalhavam com vendas. Eu não compreendia que as pessoas têm disposições diferentes, que não raro variavam dependendo de sua função na empresa.*

Joseph Lilly
*CEO, Seymour Consolidated Brands*

- Como gerente, é sua função reconhecer os sinais que indicam que um funcionário não está nem um pouco empenhado. Esses sinais incluem mudanças súbitas de confiabilidade, disposição para contribuir com opiniões, falta de interesse em assumir tarefas e projetos adicionais, contribuir num nível mínimo e súbita recusa de participar das atividades da empresa.
- Embora difícil, certamente é possível trazer uma pessoa moderadamente desengajada de volta ao grupo. Maneiras de fazer isso incluem demonstrar confiança no funcionário, reunir-se mais vezes com ele, fornecer feedback positivo e contínuo, e demonstrar que se preocupa com seus interesses.
- É possível criar um ambiente de trabalho em que o empenho se intensifica ao dar aos funcionários oportunidade de contribuir para as decisões departamentais, tornar o desenvolvimento pessoal uma parte da cultura, atribuir aos colaboradores tarefas que eles consideram interessantes e desafiadoras, e mostrar que você está sinceramente interessado no bem-estar deles.
- Você pode se deparar com situações em que o CEO, o proprietário ou os membros da equipe executiva estejam desmotivados. Se estiver nessa situação, a probabilidade de poder criar um ambiente de trabalho empenhado é bem pequena. Pense nisso antes de investir mais tempo e energia na empresa, e não tenha medo de sair se a previsão for sombria.
- Não se pode corrigir tudo ou todos. Funcionários altamente desmotivados são semelhantes a um vírus fatal. Se você permitir que eles permaneçam, contaminarão os demais. Demita essas pessoas antes que seja tarde.

com rodeios. Convide a pessoa para ir à sua sala, a fim de conversar em particular a respeito de *suas* observações. (Não mencione boatos ou comentários de terceiros, pois isso mudaria radicalmente a conversa.) Comece falando sobre as mudanças de comportamento que você notou e dê tempo ao funcionário para falar livremente. Abstenha-se de fazer críticas. Pergunte ao colaborador o que ele acha que pode fazer para lidar com o problema e que apoio necessita de você para fazer isso. Incentive-o, lembrando-o de como ele é valioso para a empresa – algo que ele pode ter esquecido. Diga-lhe o que você está disposto *e* pode fazer para apoiá-lo quando ele voltar aos trilhos. Faça um *follow-up* periódico para garantir que ele continue indo na direção certa.

## Danos irreparáveis

Haverá ocasiões em que o relacionamento é irreparável. Não importa o que faça, você não conseguirá "ressuscitar" esse funcionário. Então, o que você deve fazer nessas situações? Deve imediatamente demitir a pessoa de sua empresa, antes que sua atitude negativa contamine os colegas. Se você hesitar, não demorará muito para passar a maior parte de seu tempo tentando interromper o surto de comportamento negativo, que parece ter se propagado por todo o grupo de trabalho como um vírus fatal num filme de ficção científica. Esse indivíduo precisa ser demitido imediatamente, antes que também abata você e todos os outros.

---  PRINCIPAIS PONTOS DE APRENDIZADO  ---

- Para ser bem-sucedido como gerente, você precisa mudar seu foco de "eu" para "nós". Prosseguindo, seu sucesso não será mais avaliado por sua contribuição individual para atingir metas e objetivos da empresa. Em vez disso, você será avaliado por sua capacidade de criar e manter uma equipe altamente motivada, que esteja disposta a dar tudo o que tem.
- O engajamento do funcionário é definido como um desejo intrínseco e uma paixão por excelência, que alimenta sua disposição de ir além de sua obrigação. Pesquisas demonstraram repetidas vezes que funcionários empenhados são mais produtivos e rentáveis, fornecem alto nível de assistência ao cliente e são menos propensos a deixar a empresa quando recebem ofertas competitivas de outra organização.

1. **Um funcionário de confiança agora é menos confiável** – O funcionário em questão começa a chegar tarde para trabalhar ou, de repente, liga com frequência para avisar que está doente. Ou um funcionário que costumava almoçar em sua mesa começa a fazer pausa para almoços prolongados.
2. **Um funcionário não contribui mais com opiniões** – Um colaborador que costumava se manifestar bastante e estava sempre disposto a compartilhar seus pontos de vista agora fica em silêncio nas reuniões, enquanto os demais falam a maior parte do tempo. Quando pedem sua opinião, ele faz um gesto de indiferença.
3. **Um funcionário valioso não se oferece mais para assumir projetos** – Suponha que você tem um funcionário com reputação de estar sempre pedindo trabalho adicional. De repente, ele não se oferece mais.
4. **Um membro da equipe muito dinâmico, que sempre fez tudo o que era necessário para levar a cabo seu trabalho, agora contribui minimamente** – Esse indivíduo, hoje, faz o mínimo necessário.
5. **Um funcionário que costumava participar das atividades da empresa não participa mais** – Esse funcionário está tentando se distanciar de seu empregador. Ele não quer mais se sentir ligado ao pessoal com quem trabalha.

Alguns de vocês, porque gerenciam pessoas à distância, podem estar em situações em que talvez nunca vejam esses sinais. Ou, talvez, não sejam bons em analisar pessoas, então podem não estar percebendo sinais que um gerente mais experiente reconheceria facilmente como mudança de comportamento. Então, como prevenir que isso ocorra? Sente-se com seus subordinados diretos ou telefone regularmente e pergunte: "Como está indo?" Depois pergunte: "O que está achando das coisas em geral?"

Ouça atentamente e preste especial atenção ao tom que eles usam ao responder. Suas respostas são ásperas? Ou estão dispostos a confidenciar problemas que os estão preocupando? Eles já lhe deram a oportunidade de iniciar uma discussão que possa acabar trazendo-os de volta ao grupo?

## Restabelecer a ligação com os moderadamente desengajados

Quando você tem um funcionário cuja conduta de trabalho mudou ou que você acredita que está ficando desmotivado, não há razão para falar

## Os jovens, os agitados e os desmotivados

Eu estaria mentindo se dissesse que creio sinceramente que se possa fazer cada funcionário desmotivado atravessar a rua e andar do lado certo. Então, o que fazer com esse pessoal?

Primeiro, direi o que não se deve fazer com eles, pois esse é um erro que repeti muitas vezes. Não os ignore, esperando que mudem ou peçam as contas. Eles ainda podem estar agregando valor à empresa; todavia, eles podem estar envenenando os que estão à sua volta. Muitos de nós nos desencantamos com o trabalho em algum momento de nossa vida. Provavelmente, fizemos questão de que todos ao nosso redor soubessem por que estávamos tão infelizes. Não hesitamos em falar sobre como a gerência era detestável e nos queixar de como éramos maltratados. E, às vezes, se estivéssemos realmente revoltados, também comentávamos com os clientes. Talvez não tivéssemos agido intencionalmente, mas nossas ações mostraram aos clientes que estar na empresa para servi-los era a última coisa que tínhamos em mente.

Talvez a única coisa pior que funcionários desmotivados sejam gerentes desmotivados. Se você descobre que está trabalhando numa empresa em que a equipe da alta direção ou o proprietário está claramente desmotivado, então sugiro que encontre outro emprego, pois morrerá tentando criar um ambiente em que todos queiram vir para o trabalho diariamente.

Por um instante, vamos presumir que você tenha um membro da equipe que é desmotivado. Um funcionário desmotivado não se sente mais ligado ao empregador, e esse sentimento pode ser causado por coisas como ter sido rejeitado para promoção, descobrir que ganha menos em comparação com outros que fazem o mesmo trabalho, ter um desentendimento com um colega de trabalho ou algum membro da gerência, perder a confiança na gerência ou o receio de uma possível mudança, como demissão ou fusão.

Quanto mais cedo você identificar os sinais de desmotivação, melhores chances terá de resolver problemas e impedir maior deterioração. Entender como e por que os funcionários gradualmente perdem seu entusiasmo e começam a se desmotivar pode nos ajudar a ver como nós, na condição de gerentes, podemos recuperar esses relacionamentos. Trabalhadores desmotivados normalmente exibem uma mudança visível em seu comportamento e atitude em relação ao trabalho e aos demais. Eis cinco sinais de que a ligação do funcionário com a empresa pode estar frágil:

Porém, você não gostaria que os membros da equipe se sentissem da mesma forma? Imagine que coisas notáveis sua equipe poderia realizar com esse nível de motivação.

Quando se trata de gestão, não existe uma abordagem que se aplique a todos. É difícil saber exatamente o que cada funcionário precisa para se sentir satisfeito. Por essa razão é útil perguntar aos membros da equipe o que você pode fazer para apoiá-los melhor. Para alguns, isso significa ter permissão para frequentar cursos de treinamento e, para outros, pode significar ter acesso a treinamento adicional no trabalho. Alguns integrantes da equipe podem achar que você se dispõe a investir neles ao aprovar um pedido de reembolso pela compra de livros de negócios.

## HÁ UM SENTIMENTO MUITO CLARO DE QUE A GERÊNCIA ESTÁ SINCERAMENTE INTERESSADA NO BEM-ESTAR DE UM FUNCIONÁRIO

Talvez você ache que seus funcionários saibam que você se preocupa com os interesses deles apenas porque isso é o que o pessoal da gerência deve fazer. Entretanto, em algum momento na carreira das pessoas, elas trabalharam para alguém que só tinha um objetivo – seu próximo passo para subir na hierarquia empresarial. Esses funcionários podem ter observado ou mesmo trabalhado para profissionais que continuaram subindo vertiginosamente na carreira, com pouca consideração por seu próprio pessoal. Seus funcionários não têm como saber que seu estilo é diferente do que eles vivenciaram até que você lhes mostre, como fez Barry Maher, que realmente visa o interesse deles. Por isso é crucial que seus atos sejam compatíveis com suas intenções.

Maher fez isso reservando um tempo para perguntar a cada um de seus funcionários sobre seus objetivos de médio e longo prazo. Depois, quando pedia coisas, fazia questão de ressaltar o benefício para o funcionário. Reservar um tempo para ouvir e entender como você pode apoiar seus funcionários da melhor forma, e depois fazer todo o possível para ajudá-los a alcançar seus objetivos, envia a mensagem de que você se preocupa com os interesses deles. Interferir em favor deles é outra forma de demonstrar seu apoio. Outras maneiras de mostrar a seus funcionários que está totalmente comprometido com seu sucesso incluem incentivá-los a continuar sua formação profissional, fornecendo oportunidades para se expandirem em suas funções e estando disposto a dizer ao seu chefe que mais trabalho sem mais recursos não é factível, dadas as circunstâncias.

engajamento e liderança. "Engajamento é uma rua de mão dupla, e as empresas, essencialmente, são 'guardas de cruzamento', que orientam em que direção as pessoas se movimentam", observa Gebauer. O estilo de liderança que você adotar terá influência direta na escolha de seus funcionários quanto ao lado da rua em que passarão a circular.

## Maneiras pelas quais você pode influenciar o engajamento de funcionários

Como evidenciado por Barry Maher, há muitas maneiras de os gerentes afetarem pessoalmente o envolvimento de funcionários. Segundo a pesquisa da Towers Perrin, os principais comportamentos que influenciam o engajamento incluem os seguintes:

### OS FUNCIONÁRIOS ACHAM QUE CONTRIBUEM PARA A TOMADA DE DECISÕES EM SEUS DEPARTAMENTOS

Você pede a opinião dos funcionários antes de fazer mudanças que terão impacto direto sobre eles? Você normalmente não faz caso do que as pessoas dizem e faz tudo à sua maneira? Ou é conhecido como alguém que busca sugestões junto aos que colocam a mão na massa?

A maior parte das pessoas quer fazer um bom trabalho. Talvez você nem sempre pense assim, mas, geralmente, isso é verdade. Elas também gostam de achar que têm controle sobre o trabalho que fazem. Se não sentirem isso, farão o que lhes for pedido e nada mais. Vemos isso acontecer muito com crianças pequenas. Se pedir a uma criança de 5 anos para arrumar seus brinquedos, ela obedecerá, embora pisando nos brinquedos que sua irmã deixou em sua última jornada de destruição. Ela está fazendo o que lhe pediram e nada mais. É esse o tipo de ambiente que você quer criar para seu pessoal?

### OS FUNCIONÁRIOS ACHAM QUE TIVERAM OPORTUNIDADE DE MELHORAR SEU CONHECIMENTO E CAPACIDADE AO LONGO DO ÚLTIMO ANO

Como novo gerente, você deve se sentir muito empolgado porque, provavelmente, teve a oportunidade de vivenciar o que significa crescer na função. Aprendeu novas habilidades no ano que passou e sua capacidade certamente melhorou, ou sua promoção teria ido para outro profissional.

- **Conheça os pontos fortes de seu pessoal** – Amplie os pontos fortes, não os fracos. Seu retorno será muito maior.
- **Certifique-se de que todos conheçam as metas que você está tentando atingir** – Isso fará todos avançarem na mesma direção.
- **Invista seu tempo em seus funcionários notáveis para torná-los ainda melhor** – Ted Winston investiu seu tempo em pessoas que, em retrospecto, nunca teriam sucesso em sua empresa. Agora ele se concentra naquelas que têm capacidade *e* desejo de levar a empresa a um patamar superior.

O poder de uma força de trabalho engajada pode suportar qualquer tormenta econômica. Lembre-se: são essas as pessoas que farão tudo o que for preciso para exceder as expectativas tanto de clientes internos quanto externos. Trabalhadores empenhados serão aqueles que irão inovar, em vez de fazer negócios da forma habitual, que ajudarão a diferenciar sua empresa dos concorrentes. Embora você talvez não tenha controle direto sobre as decisões de alto nível tomadas em sua empresa, ficará satisfeito de saber que tem o poder de motivar o engajamento de funcionários entre seu pessoal.

Pesquisas mostraram que o relacionamento mais importante de um funcionário é com seu supervisor imediato. É uma das principais razões pelas quais os funcionários permanecem nas empresas. E também ocupa um dos primeiros lugares na lista de motivos pelos quais os funcionários optam por deixar o emprego. É importante notar que as coisas que atraem os profissionais para uma empresa podem ser muito diferentes daquelas que os mantêm lá ou provocam seu engajamento. Por exemplo, remuneração normalmente é importante no recrutamento, mas raramente será a razão pela qual o profissional decidirá ficar na empresa. Boas práticas de liderança e sólidos relacionamentos são o que mantêm os trabalhadores no emprego e alegremente empenhados, mesmo numa época em que as empresas não podem aumentar os salários.

## Caminho para o engajamento

Towers Perrin, destacada empresa global de serviços profissionais, pesquisou quase 90 mil funcionários em 18 países, enfocando o que motiva atração, retenção e engajamento. Julie Gebauer, diretora gerente da Towers Perrin, fornece uma perspectiva interessante sobre a relação entre

## Confrontando a realidade

Durante os últimos anos, a gestão tem sido uma estrada esburacada. Os gerentes viram-se forçados a colocar seus capacetes e arrastar-se para fora de alguns buracos bem grandes, criados pelas decisões erradas de seus líderes ou pela realidade econômica. Todos os meus clientes passaram pelo downsizing devido à retração econômica, congelamento salarial, redução salarial, altos níveis de estresse de funcionários ou uma combinação desses fatores. Todos tiveram de fazer mais com menos. Ainda hoje, diariamente, eles vão ao escritório e continuam trabalhando para executar sua missão e metas estratégicas, fornecendo excepcional assistência ao cliente e mantendo os níveis de produtividade suficientemente altos para sobreviver a estes tempos difíceis. Alguns se saíram melhor que outros. Eis um exemplo de empresa que manteve o rumo e não deixou que a economia afetasse a maneira respeitosa como trata seus funcionários.

Um de meus clientes, a empresa familiar Winston Flowers, sabe muito bem como construir relacionamentos que duram toda uma vida. A empresa, que foi fundada em 1944, passou de um negócio de vendedores ambulantes para uma instituição de Boston. A empresa considera cada nova relação como um potencial relacionamento de longo prazo. Os funcionários são tratados como família na Winston Flowers. "Muitos de nossos funcionários cresceram com a Winston e fazem parte de nossa família há mais de 20 anos. Estamos sempre em busca de talento, e o encontramos em pessoas com históricos amplamente variados. Temos prazer e orgulho em observar muitos desses indivíduos criativos se transformarem em líderes do ramo de flores", afirma o coproprietário Ted Winston.

Winston oferece os seguintes conselhos inteligentes para gerentes recém-chegados, de modo a ajudá-los a cultivar relacionamentos duradouros com seus empregadores:

- **Faça cada momento valer a pena** – Faça sempre o máximo que puder para provocar mudanças positivas.
- **Lidere pelo exemplo** – Comporte-se como gostaria que seus funcionários se comportassem, mas também entenda que sua função é diferente da deles.
- **Certifique-se de que tem as pessoas certas** – Contrate pela compatibilidade e treine as habilidades. Quando encontrar as pessoas certas, é importante recebê-las bem e fornecer orientação útil, para que se sintam imediatamente ligadas à sua cultura.

7. **Tornar o trabalho divertido.** Ele tornou o divertimento no trabalho e nos relatórios uma prioridade. "Tínhamos todos os tipos de competição. Algumas sérias, outras idiotas", diz Maher. "Vendedores que gostam do que fazem vendem mais."

### Três tipos de funcionários

| | |
|---|---|
| Altamente engajados | Os funcionários sentem-se intensamente comprometidos com a empresa. Estão dispostos a ir bem além de suas obrigações para promover a prosperidade da empresa. |
| Moderadamente engajados | Os funcionários fazem o que lhes é pedido e não muito mais. Se forem suficientemente pressionados, acabam avançando, mas voltam ao comportamento anterior assim que a pressão for retirada. |
| Desmotivado | Funcionários que "já estão em outra" e levam os que estão ao seu redor pelo mesmo caminho. Minam o progresso daqueles que continuam empenhados. |

## COMO OS SEUS FUNCIONÁRIOS ESTÃO SE SAINDO?

Seus funcionários são engajados? Use a lista de perguntas como um parâmetro para avaliar o nível de envolvimento de cada um de seus funcionários.

- O colaborador tem sempre desempenho de alto nível?
- O funcionário demonstra que tem conhecimento dos resultados desejados para sua função e de como ela se enquadra no restante da empresa?
- O colaborador está disposto a desafiar o *status quo* para atingir resultados excelentes?
- A conduta do funcionário demonstra grande entusiasmo e energia?
- O colaborador está sempre procurando meios de agregar valor à atribuição que recebeu?
- O comportamento do funcionário indica que ele está sistematicamente comprometido com as metas da empresa, com os companheiros de equipe e com a função?
- O colaborador sente que tem capacidade de fazer a diferença?

isso, você formará uma equipe produtiva em que a rotatividade é algo que acontece para algum outro gerente.

Sei que alguns de vocês estão pensando que não há jeito de recuperar a equipe desmotivada que se herdou. Se você pensa assim, então é possível que esteja certo. Mas, para aqueles que acreditam que podem fazer tudo a que se propõem, eis a prova de que isso pode ser feito.

Barry Maher, fundador da Barry Maher & Associates, de Helendale, Califórnia, uma vez assumiu o cargo de gerente de vendas de uma das 100 maiores empresas relacionadas pela revista *Fortune* e lhe disseram que sua unidade fora a melhor da divisão no ano anterior. Após sua chegada, ele descobriu que o principal vendedor da região fora transferido e que a unidade de seis funcionários tinha três novatos desajeitados. No ano em que ele assumiu, a unidade era a última colocada na região. "O moral teria de melhorar muito para chegar a abominável", observa Maher. "Em minha primeira reunião com minha nova unidade, eu disse que, no prazo de um ano, ela seria a unidade número 1 da região. Em menos de um ano, ela chegou lá", conta Maher. Quando lhe perguntavam como ele elevou o moral e envolveu os funcionários, Maher respondia dizendo que não foi ele. Foram os membros da equipe: "Eu apenas possibilitei que eles o fizessem." Maher fez isso ao:

1. **Demonstrar fé no seu pessoal.** Maher deixou claro para a equipe que ele verdadeiramente acreditava que, individual e coletivamente, ela tinha capacidade de ser a melhor. Depois ele agia como se isso fosse verdade.
2. **Mostrar sua lealdade à equipe.** Ele lutava por ela e a defendia na divisão e na empresa. Ele queria o melhor para ela.
3. **Trabalhar por seus funcionários.** Maher agia com a convicção de que estava ali para torná-los bem-sucedidos e apoiá-los de todas as formas que pudesse.
4. **Elogiar e recompensar seu pessoal por suas realizações.** Ele assegurava que a empresa fizesse o mesmo.
5. **Criar mentalidade de equipe.** Maher criou um programa de aconselhamento que ia além do treinamento constante que ele fazia. Ele se certificava de que ninguém que quisesse ou precisasse de ajuda fosse deixado sem assistência.
6. **Entender o fracasso.** Ao longo do processo, ele percebeu que nunca poderia ajudar sua equipe a superar o medo do fracasso, a menos que primeiro ele superasse seu próprio medo de fracassar: "Se eu tinha medo do fracasso, ela também teria."

CAPÍTULO **2**

# De "eu" para "nós"
## Não se trata realmente de você!

Mesmo *quarterbacks* famosos, como Tom Brady, do New England Patriots, sabem que não se pode marcar gols (*touchdowns*) sistematicamente sem ter um time forte por trás. O mesmo se aplica à gerência. Então, por que tantos gerentes recém-promovidos não conseguem fazer a transição da mentalidade de "tudo gira ao meu redor" para uma que reconhece que "tudo gira ao nosso redor"?

Já presenciei várias situações em que gerentes iniciantes enveredavam pelo campo sem olhar para trás para ver se alguém os estava seguindo. O resultado era sempre um desastre. Em alguns casos, o gerente conseguia se recuperar desse erro. Para cada um que se recuperava, contudo, havia dois outros do lado de fora que nunca mais tiveram chance de jogar. Pelo menos não para o mesmo time.

## Por que envolver seus funcionários?

Amplas pesquisas foram conduzidas pelo Gallup e outros, e mostram que funcionários empenhados são mais produtivos e rentáveis, fornecem alto nível de assistência ao cliente e são menos propensos a deixar a empresa quando tentados por generosas ofertas de outras organizações. Para nossos propósitos, funcionários envolvidos são aqueles que têm ligação emocional e compromisso com seu trabalho. São motivados a dar o seu melhor à tarefa que têm à mão, sem necessidade de estímulo constante.

Como novo líder, você tem oportunidade de criar um ambiente de trabalho em que seus funcionários estejam intensamente engajados. Ao fazer

*Da função de um contribuinte individual "superstar", fui promovido à gerência, o que ocorre com frequência no mundo de vendas. Eu não tinha um plano legítimo, treinamento gerencial nem ideia de como construir um ambiente de equipe. Não me mostrei muito eficiente. Em vez de orientar o representante de vendas, na verdade eu costumava assumir o controle sobre o negócio. Como podem imaginar, isso não promove uma verdadeira experiência de aprendizado e certamente não é um bom presságio para formação de equipe.*

Keith Dukes
Gerente de Desenvolvimento de Negócios
*Clarity Consultants*

## PRINCIPAIS PONTOS DE APRENDIZADO

- Você consegue! Muitos outros foram alçados à gerência e não apenas sobreviveram, mas também progrediram.
- Não existe esse negócio de período de lua de mel de 90 dias para novos gerentes. Essa é a época de você demonstrar que foi acertada a decisão gerencial de promovê-lo.
- Nos primeiros 90 dias, concentre seus esforços na construção de sólidos relacionamentos profissionais.
- O que o trouxe até aqui não o manterá no cargo. Você já demonstrou que é tecnicamente competente e que tem conhecimento operacional. Agora as pessoas estão esperando para ver até que ponto você será um líder confiável.
- Sua credibilidade baseia-se em palavras e comportamento. Essas duas áreas de comunicação devem ser congruentes, ou sua credibilidade será prejudicada.
- Credibilidade não é algo que você conquiste da noite para o dia, embora seja algo que você pode destruir em um único dia. Preste atenção em como suas palavras e atos têm impacto direto na maneira como os outros o veem diariamente.

| Avaliação | Concordo | Concordo parcialmente | Discordo |
|---|---|---|---|
|  | 3 | 2 | 1 |
| 1. Em conversas, eu costumo falar a maior parte do tempo. |  |  |  |
| 2. Ainda posso ter sucesso sem o apoio dos outros. |  |  |  |
| 3. Meu conhecimento técnico/operacional me dá *toda* a credibilidade necessária para ser bem-sucedido na gerência. |  |  |  |
| 4. Primeiro revelo minhas ideias e depois peço as opiniões dos outros. |  |  |  |
| 5. Sou o profissional mais inteligente de minha equipe. |  |  |  |
| 6. Eu teria dificuldade de executar o trabalho de meus subordinados. |  |  |  |
| 7. Meu método de comunicação baseia-se em minha preferência, e não no estilo preferido da pessoa com quem estou me comunicando. |  |  |  |
| 8. Reluto em pedir conselhos aos subordinados. |  |  |  |
| 9. Faço várias coisas ao mesmo tempo enquanto as pessoas estão conversando comigo. |  |  |  |
| 10. Sou conhecido como um líder que deve ser temido. |  |  |  |

**Pontuação:**
Some suas notas para ver como se saiu.

- Se sua pontuação total estiver entre 10 e 15, você está começando extremamente bem!
- Se sua pontuação ficou entre 16 e 20, você está indo bem. Convém ficar de olho em algumas coisas ou melhorar seus talentos e habilidades.
- Uma pontuação de 21 a 30 indica que você precisa tomar medidas imediatas.

**Observação:** Uma nota 3 em qualquer uma dessas áreas merece exame mais atento. Por exemplo, se você concordou com a afirmação "Sou conhecido como um líder temido", então vale a pena analisar o que em seu estilo de gestão faz as pessoas se sentirem assim sobre você. Ser conhecido como alguém que os outros temem afetará diretamente sua capacidade de atrair, motivar e reter os principais integrantes de sua equipe.

Os gerentes atuais têm ainda mais distrações do que aqueles a que estão sucedendo. Computadores e smartphones demonstraram ser uma faca de dois gumes no trabalho. Embora esses dispositivos certamente tenham aumentado a produtividade, eles também alteraram de forma significativa as expectativas das pessoas com respeito a prazos finais e tempos de resposta.

Eu entrei para a gerência em uma época em que os computadores estavam começando a aparecer na mesa dos gerentes e o e-mail estava começando a se popularizar. Computadores domésticos eram raros e, se um e-mail era enviado no final da tarde de sexta-feira, ninguém esperava uma resposta até segunda-feira de manhã. Hoje, os gerentes recebem e-mails e enviam mensagens de texto 24 horas por dia, sete dias por semana. A expectativa de uma resposta imediata após a recepção tem tido um impacto importante na qualidade das conversas no ambiente de trabalho. Quantas vezes alguém pede licença para atender uma ligação do celular ou responder uma mensagem de texto enquanto conversa com você? Quantas vezes você desviou o olhar para ver que nome está aparecendo no seu identificador de chamadas? Esses comportamentos, embora conscientes ou não, enviam mensagens contraditórias para aqueles com quem está conversando.

Suas tentativas de construir uma equipe em que todos se sintam valorizados podem falhar devido ao comportamento que você exibe diariamente. Pense nisso na próxima vez que ouvir um toque no seu computador ou smartphone, e ajuste suas ações. Você tem o dia todo, ou mesmo a noite, para responder àquele e-mail, ao passo que tem uma quantidade de tempo limitada para conversar com a pessoa que está diante de você.

## Autoavaliação de relacionamentos produtivos

A finalidade desta autoavaliação é conhecer mais suas próprias habilidades de liderança. Conhecer seus pontos fortes e fracos pode ajudá-lo a identificar as áreas que precisa enfocar para construir relacionamentos produtivos com sua equipe, bem como com seus colegas e superiores.

Classifique suas respostas com os valores numéricos para cada afirmação fornecida a seguir.

com ela. Se ainda não tiver a resposta no horário estabelecido, avise-a de que continua pesquisando e voltará ao assunto o mais rápido possível. Mantenha o compromisso de acompanhamento. Isso o ajudará a ganhar a reputação de ser um líder capaz de responder ao seu pessoal.

3. **Arranje tempo para trabalhar lado a lado com sua equipe** – Trabalhar ao lado de seus funcionários vai lhe permitir sentir como é estar na situação deles. Você verá pessoalmente os desafios diários que eles enfrentam no trabalho. Resista à tentação de aconselhá-los sobre como executar melhor suas funções. Em vez disso, peça informações sobre o que eles precisam para obter melhores resultados.

O ex-gerente de restaurante Derrick Hayes teve a sorte de ter assumido a gerência em uma empresa da fast-food, que acreditava que os gerentes precisavam aprender cada aspecto da operação, a fim de gerenciar suas lojas eficazmente. Hayes iniciou sua carreira gerencial no restaurante trabalhando como chapeiro. A experiência foi humilhante. "Meu pessoal sabia que eu estava a par do que acontecia no restaurante porque tive a experiência de trabalhar com eles lado a lado", afirma Hayes. Isso tornou mais fácil para Hayes conquistar o respeito do grupo. Seu pessoal sabia que não havia um trabalho no restaurante que ele não fizera ou não soubesse fazer. É assim que você gera credibilidade com sua equipe.

4. **O que você faz deve corresponder ao que diz** – Esse é um problema maior do que a maioria das pessoas se dá conta. Segundo uma pesquisa de 1967, realizada pelo Professor Albert Mehrabian, da Universidade da Califórnia em Los Angeles, até 93% da eficácia da comunicação são determinados por sinais não verbais. A comunicação não verbal pode variar de expressões faciais à linguagem corporal. Alguns especialistas afirmam que esse percentual está mais na faixa de 70%. Todavia, todos parecem concordar que a linguagem corporal tem um papel mais importante na comunicação do que as palavras. Fique bem atento à sua linguagem corporal e ao seu tom de voz quando se comunicar, para que a mensagem que pretende enviar seja a mensagem recebida. Por exemplo, suponha que você pergunte a um funcionário o que ele acha que pode ser feito para resolver um problema de qualidade que está atrasando o lançamento de um novo produto. No meio da conversa, você vira de costas para procurar seu telefone celular. Que mensagem você acha que o funcionário está recebendo? Qual a probabilidade de esse indivíduo continuar a pesquisar e apresentar soluções viáveis para esse problema crucial, dado o comportamento que ele acabou de observar?

Essa lição é quase sempre aprendida da maneira mais difícil, especialmente para aqueles que foram promovidos com base no conhecimento técnico ou habilidade de vendas. Profissionais nessa situação talvez continuem trabalhando como se ainda estivessem em uma função de linha. Permanecem sendo técnicos especialistas ou apenas olham para os próprios umbigos, enquanto saem pela empresa afora estampando na testa seus prêmios como vendedores.

Desnecessário dizer que você precisa conhecer bem o trabalho que vai gerenciar. Contudo, isso é notícia velha. Ao seguir adiante, você precisa concentrar seus esforços em se firmar como um líder confiável.

## Gerar credibilidade

Você precisa acreditar que é capaz de dominar a arte da gestão. Caso contrário, por que alguém acreditaria em você?

Expulse esse sujeitinho do seu ombro, que fica sussurrando palavras negativas em seu ouvido, e prepare-se para o sucesso! Eis algumas maneiras de gerar credibilidade rapidamente.

1. **Seja você mesmo** – Com isso, quero dizer: seja autêntico. Não tente imitar exatamente o estilo e a personalidade da pessoa cujo cargo você está preenchendo, ou outros questionarão sua autenticidade. Em vez disso, baseie-se nos pontos fortes que o ajudaram a alcançar esse marco e projete seu nome concentrando-se nas habilidades e valores que *você* trouxe para o cargo.

    Resista à tentação de se tornar uma réplica exata de seu chefe, não importa quão respeitado ele seja na empresa. Imitar seu chefe pode dar errado, pois você poderá ser visto como uma extensão dele, e não como líder. Todavia, não há nada errado em pegar as melhores práticas que aprendeu com seu supervisor e adaptá-las ao seu próprio estilo de liderança.
2. **Seja honesto** – A forma mais rápida de perder credibilidade é ser apanhado em mentira. Então, por que arriscar a perder tudo que trabalhou tão duro para construir ao cometer um erro evitável? Ninguém espera que você seja perfeito, mas certamente esperam que seja honesto. Se lhe fizerem uma pergunta da qual não sabe a resposta, diga que não sabe. Informe a pessoa que fez a pergunta que você vai precisar de tempo para pesquisar a resposta, e estabeleça um horário para voltar a falar

mais e falássemos muito menos. Se você tentar falar menos e ouvir mais, imediatamente conquistará o respeito de sua equipe e de outros profissionais da empresa.

Para alguns, essa mudança pode ser um pouco desafiadora. A próxima vez em que estiver em uma reunião, marque com um X num pedaço de papel sempre que se sentir tentado a interromper alguém ou, ainda pior, atender seu celular enquanto outros estão compartilhando suas ideias. Aviso: esse exercício pode exigir mais do que um pedaço de papel.

As pessoas gostam de conversar com bons ouvintes. Essa habilidade lhe será muito benéfica, à medida que você progride na empresa e interage com clientes de alto nível, bem como com membros da equipe executiva.

### 7. AJUDE OUTROS A BRILHAR

Uma das maiores diferenças entre ser um trabalhador e ser um gerente é a forma como seu desempenho será avaliado. Os funcionários são avaliados pelo trabalho que fazem. Uma boa parte da avaliação do desempenho de um gerente será baseada em sua *capacidade de inspirar outros a desempenhar*.

Como gerente, você deve assegurar que os integrantes que estão contribuindo mais para a equipe brilhem sob a luz dos holofotes. Você pode fazer isso informando clientes ou funcionários da empresa que um de seus funcionários sugeriu uma ótima ideia que vai melhorar a condição dos clientes, em vez de deixar que as pessoas presumam que a ideia partiu de você. Você ganhará mais pontos se fizer isso com o funcionário ao seu lado. Lembre-se de agradecer, premiar e reconhecer as contribuições daqueles que o ajudam a ter êxito, de modo que eles continuem inspirados e lhe deem tudo o que têm.

## Estabelecer credibilidade

Alguns gerentes acreditam, de maneira equivocada, que a credibilidade vem automaticamente com o cargo de gerente. Essas mesmas pessoas não estão mais na gerência. Credibilidade, conforme definido pelo Dicionário Merriam-Webster, é "a qualidade ou poder de inspirar convicção". Você pode ser considerado técnica ou operacionalmente responsável, mas agora precisa demonstrar que tem o que é necessário para ser um líder eficaz. Credibilidade é algo que deve ser conquistado continuamente.

Pense em alguém de sua empresa que você admira e anote algumas palavras que descreva seu estilo de gestão. Imagino que a palavra "respeitoso" esteja em sua lista. Agora pense em alguém da organização que gerencia por intimidação. Qual deles você acha que consegue realizar mais? Funcionários de qual deles você acha que se oferecem para ficar até tarde e trabalhar nos fins de semana para concluir projetos? Provavelmente, os do gerente que tem respeito por seus colaboradores. É bem provável que ele atinja resultados muito melhores do que o gerente que não conseguiu conquistar o respeito de seu pessoal.

## 5. AJUSTE SEU ESTILO DE GESTÃO

Talvez você pense que, porque agora está no comando, sua equipe precisa ajustar seu estilo de trabalho ao seu. Entretanto, o inverso é que é verdadeiro. Gerentes eficazes aprendem (às vezes da pior maneira) que são eles quem devem adaptar seu estilo de gestão, a fim de construir relacionamentos produtivos. Eis um exemplo do que quero dizer. Talvez você prefira fazer uma tempestade de ideias, enviando e-mails de um lado para o outro, até que todas as alternativas tenham sido expostas. Contudo, talvez você tenha alguns funcionários que produzem suas melhores ideias quando podem extrair energia de outros participantes de uma reunião ou através de *webcasting*. Se continuar mandando e-mails para esse pessoal, pode descobrir, no final, que a única pessoa a clicar o botão "responder" é você. Se continuar forçando as pessoas a se adaptarem ao seu estilo, elas vão revirar os olhos, os níveis de frustração irão aumentar e tempo valioso será desperdiçado.

Outra alternativa é encontrar um equilíbrio salutar entre os vários estilos de sua equipe. Peça aos membros do grupo que lhe enviem e-mails com suas cinco principais sugestões e, em seguida, compile uma lista que pode ser usada para estimular conversas em uma reunião que você programou para discutir o projeto. Essa abordagem permite que seu pessoal saiba que você está disposto a fazer concessões mútuas, o que é algo que, não raro, devemos fazer para manter relacionamentos saudáveis.

## 6. OUÇA MAIS, FALE MENOS

Você já percebeu como alguns chefes falam muito e ouvem muito pouco? Não é de admirar que a produtividade dos funcionários esteja em baixa! Imagine a quantas reuniões não precisaríamos comparecer se ouvíssemos

Quando eu tinha 22 anos, fui promovida para o cargo de "supervisora interina" de uma empresa incluída na listagem "Fortune 50". Eu nunca ocupara um cargo de liderança e, para isso, também pulei os cargos de supervisor mestre e supervisor assistente.

Inicialmente, quase não recebi orientação ou treinamento, a não ser o fato de me terem dito para "vencer os oponentes e liquidar os inimigos". Foi certamente um desafio passar por anos de "estilos" de liderança de tentativa e erro, e frustração, antes de finalmente descobrir um método consistente que era extremamente eficaz e compatível com minha personalidade e valores. Que alegria seria ter tido um guia eficaz desde o início de minha carreira!

## 3. SALTE PARA DENTRO DAS TRINCHEIRAS

Você pode ter ouvido o boato de que, quando estiver na gerência, não precisa mais trabalhar nas trincheiras. Talvez seja verdade. Todavia, você ganhará rapidamente o respeito de sua equipe se mostrar que está disposto a trabalhar lado a lado, a fim de atingir as metas do departamento. Essa estratégia é também uma ótima maneira de conhecer os pontos fortes e fracos de seus funcionários, pois você poderá ver o trabalho deles pessoalmente, em vez de confiar nos comentários de seus arquivos pessoais.

Embora seja tentador se esconder em sua nova sala, maquinando seu próximo passo para ascender na hierarquia da empresa ou exigindo um aumento de 10% nas vendas, agora que está no comando seu tempo será mais bem empregado se você for visível e receber informações dos membros de sua equipe. Convém obter opiniões daqueles que executam o trabalho antes de assumir compromissos que não possam ser cumpridos.

Afaste-se de seu teclado e ficará muito surpreso com o que aprenderá. Mesmo o mais inteligente computador do mundo não pode lhe fornecer uma visão clara do que seus funcionários estão realmente pensando e o que eles são capazes de fazer. Envolver-se com eles o ajudará a construir sólidos relacionamentos.

## 4. SEJA RESPEITOSO

Pode parecer óbvio, mas neste mundo de ritmo acelerado, tantos gerentes gritam ordens, em vez de pedir de maneira respeitosa que seus funcionários façam as coisas. Líderes confiantes não precisam gritar com seus funcionários, a fim de que executem o trabalho. Nem precisam lhes dar bronca na frente dos outros, para que o resto da equipe ouça a mensagem em alto e bom som.

## 1. ACREDITE – CONSTROEM-SE RELACIONAMENTOS COM BASE NA CONFIANÇA

Você já trabalhou com alguém em quem não confiava? Talvez essa pessoa dissesse uma coisa, mas seus atos e comportamento indicavam outra. Você pode descobrir que sempre questiona os motivos e intenções desse profissional.

Como funcionário ou colega de trabalho, você se dispunha a fazer o que ele lhe pedia? Se você é como a maioria das pessoas, provavelmente não queimava as pestanas para atender suas solicitações.

Os relacionamentos são baseados na confiança. Sem confiança, não pode haver empenho. Líderes que estabeleceram níveis elevados de confiança sabem que seus funcionários estão dispostos a fazer o que for preciso para realizar o trabalho. É por isso que é fundamental investir o tempo necessário para construir relacionamentos de confiança, especialmente durante seus primeiros 90 dias no cargo. Nós nos aprofundaremos nas questões relativas à confiança no Capítulo 2, quando discutirmos a arte de influenciar seus funcionários.

## 2. A PRIMEIRA IMPRESSÃO É A QUE FICA

É natural ficar empolgado quando você acabou de ser promovido. Você pode querer gritar aos quatro ventos ou, pior ainda, postar seu avanço importante em sua página do Facebook. Resista à tentação de se vangloriar; os colegas de trabalho que agora são subordinados podem estar entre seus relacionamentos nas mídias sociais. A última coisa que você quer fazer é esfregar sal na ferida de um colega de trabalho rejeitado, de cujo apoio você precisará para ter êxito em sua nova função.

Essa é uma época em que certamente todos os olhares estarão voltados para você. É natural sentir-se um pouco ansioso, mas qualquer nervosismo se dissipará quando conquistar algumas vitórias. Seja confiante. Você foi escolhido para esse cargo porque outros profissionais acreditam que você tem capacidade para dar conta do recado. Agora vá e dê uma boa primeira impressão. Uma maneira infalível de deixar uma primeira impressão positiva é fazer perguntas e envolver seus funcionários na criação de uma equipe de alto nível funcional. Torne-se conhecido como alguém que realmente ouve as opiniões e perspectivas alheias.

### VIDA NAS TRINCHEIRAS

Lisa Broesch, presidente do Actualize Consulting Group, de Orlando, Flórida, recorda sua primeira incursão na gerência:

daqueles que foram demitidos), para fornecer conselhos úteis. Para prosperar, ou mesmo sobreviver, você deve resolver os assuntos por conta própria. Vamos começar examinando o que você precisa fazer, em seus primeiros 90 dias no cargo, para estabelecer uma base sólida de sucesso a longo prazo.

## Os primeiros 90 dias

Vamos deixar claro uma coisa. A suposição de que os primeiros 90 dias são o período de lua de mel é uma falácia, e eis por que: a decisão de lhe conceder o cargo pode não ter sido unânime. Ou pode haver funcionários na empresa que acham que o cargo deveria ser deles. Em ambos os casos, é importante ter em mente que algumas pessoas talvez não estejam interessadas em colaborar para o seu sucesso. Contudo, na maioria das situações, você pode superar isso rapidamente firmando-se como líder e mostrando à gerência que a decisão de promovê-lo foi acertada. Discutiremos detalhadamente como fazer isso ao longo deste capítulo.

Lembre-se de que os primeiros 90 dias prepararão o terreno para seu desempenho como gerente. É quando a empresa estará esperando que você se destaque e apresente resultados. Se não conseguir ganhar força desde o início, enfrentará uma ascensão árdua no resto de sua gestão. Gerentes experientes e eficazes sabem que essa é a época de trabalhar duro para construir relacionamentos profissionais produtivos na empresa, estabelecer credibilidade e conseguir algumas vitórias iniciais.

## Como construir relacionamentos produtivos

Pergunte a qualquer gerente eficaz como ele conseguir ser bem-sucedido e você o ouvirá falar sobre o pessoal com quem trabalha. É porque você não pode ser um gerente eficaz sem ter conquistado o apoio de outras pessoas. Caso contrário, você se verá na situação de liderar sem que ninguém o siga ou, pior, tentar trabalhar sem o apoio de seu próprio gerente. Por isso é importante começar a construir relacionamentos produtivos no momento em que é alçado à gerência.

Eis sete maneiras de estabelecer rapidamente relacionamentos profissionais produtivos:

para descobrir rapidamente como fazer mais com menos. O jogo agora era outro, e as velhas regras não importavam mais.

Você deve estar pensando que lamenta ter perdido a época dourada da gerência porque pode parecer que agora precisa trabalhar com mais afinco para alcançar resultados semelhantes. Na verdade, você é sortudo, pois terá oportunidade de se tornar o tipo de gerente que pode prosperar em *qualquer* economia. Gerentes que foram dispensados na retração econômica gostariam de ter passado menos tempo assistindo aos jogos de futebol nos camarotes VIP da empresa e mais tempo no campo de jogo, liderando sua equipe para a vitória. Vamos examinar alguns conceitos básicos que o ajudarão a construir um sólido alicerce como gerente.

## Alçado à gerência

Em quantas carreiras as pessoas são colocadas em cargos com pouco preparo e espera-se que desempenhem como se tivessem ocupado essa função a vida inteira? Isso certamente não ocorre na área médica, onde se exige que os profissionais passem anos aprendendo sobre o corpo humano e tudo o que possivelmente possa dar errado. Enfermeiras, médicos e técnicos em emergências médicas devem completar as aulas práticas e passar por exames de licenciamento antes de poder tratar pacientes por conta própria. Esses profissionais também devem fazer certo número de cursos de educação contínua anualmente, para manter válidas suas licenças. Trabalhadores qualificados, como encanadores e eletricistas, precisam trabalhar como aprendizes antes de receberem licenças para praticar o ofício. Em muitos estados, também é necessário que façam cursos de reciclagem em suas áreas para conservar seus certificados. No entanto, quando se trata de ser gerente, não há formação ou treinamento padrão que seja exigido antes de você assumir o controle.

Talvez você não esteja em uma situação em que lida com assuntos de vida ou morte diariamente. Entretanto, uma jogada errada e o jogo pode terminar antes mesmo de você ter começado. A última coisa que você quer ouvir seu chefe dizer é "Hora da morte, 14 horas", enquanto o acompanha para fora do prédio junto com seus pertences.

Se você estiver lendo este livro, está começando bem, pois já reconheceu a importância de assumir o controle de seu destino. Graças à recessão, programas de treinamento gerencial foram por água abaixo. Os chefes estão muito ocupados em fazer seu trabalho (e o trabalho

CAPÍTULO **1**

# Bem-vindo à gerência

O que faço agora?

Parabéns! Você acaba de ser escolhido e agora é o jogador titular. Agora você é um chefe. Bem-vindo ao jogo da gestão. Para vencer nesse jogo, você precisa descobrir as regras rapidamente e por conta própria, porque não existe um manual de estratégia que lhe fornecerá todas as jogadas de que precisa para sair vencedor. Talvez seja bom não haver um manual de estratégia porque, quando você pensa que já calculou o jogo, ele muda. Por exemplo, a maioria dos economistas e homens de negócios não previu a profunda recessão de 2009. Nos anos anteriores à recessão, a maior parte do mundo passava por um período de forte crescimento econômico. Para os líderes, gerenciar havia se tornado muito confortável, numa época em que tinham recursos disponíveis para entrar ou sair de qualquer situação.

Eis alguns exemplos de como os gerentes usavam o dinheiro para lidar com problemas gerenciais, uma estratégia que não exige muito no que diz respeito à capacidade de liderança. Suponha que um funcionário-chave dissesse que estava indo para outra empresa; o gerente podia fazer uma contraoferta competitiva e geralmente retinha o profissional. Quando o dinheiro não era problema na organização, os gerentes podiam seguir o modelo de empresa do Google, ou seja, atrair candidatos oferecendo privilégios, como médico e dentista no local de trabalho, massagens e ioga grátis, almoço gratuito de um fornecedor de refeições cinco estrelas e contratar um *chef* de *sushi*. Depois o jogo mudou. Empresas do mundo inteiro foram obrigadas a apertar o cinto e livrar-se do inchaço de suas organizações, inclusive da rodada semanal de *donuts*. Os gerentes não conseguiam mais motivar os funcionários prometendo privilégios extravagantes e lutavam *a descida. Eu estava com medo, embora empolgada com o salto que ia dar. Essas sensações provavelmente são semelhantes às que você está sentindo se foi alçado à gerência.*

*Eu passei meus primeiros 90 dias concentrada em melhorar minhas qualificações técnicas, para que pudesse executar meu trabalho com competência. Esse é um erro que muitos novos gerentes normalmente cometem. Em retrospecto, eu deveria ter passado aquele período desenvolvendo relacionamentos fortes com outros funcionários da empresa, especialmente com os de minha equipe.*

*Aprendi muito sobre gestão e liderança nos últimos 25 anos. Parte de meu conhecimento foi adquirido com mais educação formal, mas a maior parte adquiri no trabalho, através de tentativa e erro. Sua jornada será diferente da minha, e você cometerá seus próprios erros ao longo do caminho. Mas, pelo menos, você terá algo que eu nunca tive: um roteiro para guiá-lo com segurança pelas reviravoltas que vivenciará neste novo território chamado gerência.*

Roberta Chinsky Matuson
*Presidente*
*Human Resource Solutions*

*Nunca me esquecerei do dia em que fui alçada à gerência. Naquele dia, eu entrei no escritório como qualquer outro funcionário e saí como membro da gerência sênior. Eis minha história.*

*Eu tinha uma relação muito estreita com minha chefe, com quem já trabalhara em outra empresa. Quando me vi inesperadamente desempregada em meio a uma recessão, ela veio em meu socorro e me ofereceu um emprego em recursos humanos. Trabalhamos lado a lado a fim de criar um departamento de RH de última geração para uma empresa imobiliária que acabou abrindo o capital.*

*Minha chefe parecia estar se saindo bem em seu cargo e tinha total apoio da equipe gerencial executiva. Pelo menos era o que eu pensava. Absolutamente nada indicava que um dia ela estaria lá e, no dia seguinte, teria ido embora. Mas foi exatamente o que aconteceu em um dia de 1983.*

*Em uma manhã ensolarada de primavera, recebi uma ligação da secretária do vice-presidente, pedindo que eu fosse até a sala dele. Parecia um pouco incomum, pois eu nunca fora chamada à sua sala sem minha supervisora. Fui pega totalmente desprevenida quando o vice-presidente fechou a porta e começou a falar comigo antes da chegada de minha supervisora. Sem muito alarde, ele me informou que minha chefe não estava mais na empresa, a partir da noite anterior. Essa foi toda a conversa. Sem explicações e sem instruções. Parei por um instante para pensar. E, em seguida, fiz o que achei que qualquer outra jovem de 24 anos faria: pedi para ficar no cargo dela. Imagine minha surpresa quando ele atendeu meu pedido e me deu o título de diretora interina de recursos humanos! Seis meses depois, fui efetivada diretora.*

*Ainda me lembro de como me senti naquele dia quando descobri que, de repente, eu estava no comando de todo um departamento, incluindo cinco funcionários que agora eram meus subordinados diretos. Senti-me como se estivesse no topo de uma montanha-russa esperando*

# Introdução

A gerência parece realmente fácil, não é? Você recebe um cargo e, se tiver sorte, uma sala, e lá vai você. Dá algumas ordens aqui e ali, e depois relaxa até o momento de dar outra diretriz. Obviamente, todos fazem *exatamente* o que você pede porque você é a pessoa que está no comando. Se isso fosse mesmo verdade, todos desejariam ser gerentes!

Ser um gerente eficaz é muito mais complicado do que a situação que descrevi. Isso porque o único comportamento que você pode controlar é o seu. Nos capítulos seguintes, discutiremos exatamente o que será preciso para que você tenha êxito como gerente iniciante ou para tornar-se dono de uma empresa que inspira seu pessoal a dar o seu melhor. Não há um modelo único de gestão. Você precisará experimentar diferentes estilos até encontrar aquele que se adapte perfeitamente a você e ao seu ambiente de trabalho. Ao longo de sua carreira, você se verá fazendo ajustes, à medida que progride como líder.

Minha capacidade de liderança melhorou com o tempo. Sei exatamente quando preciso aumentar a pressão ou quando é melhor deixar as coisas como estão. Pelo caminho, tive minha cota de reveses. Mas encarei toda e qualquer situação como oportunidade de aperfeiçoar minha profissão. Minha esperança é que você faça o mesmo. Liderança é um conjunto de habilidades que pode ser aprendido, mas apenas se estiver disposto a praticar e a aprender com seus erros. Aproveite os conselhos que se seguem neste livro e use os ingredientes que parecerem certos para você. Experimente e crie sua própria receita de sucesso!

> *Leia o Prefácio e veja o que Alan Weiss tem a dizer sobre a estratégia de Roberta Matuson de prepará-lo para o sucesso.*

## CAPÍTULO 9
## Você está demitido!     95
*Dicas atemporais para rescisões diplomáticas*     95

    Juntar munição: a arte da documentação     97

    Puxar o gatilho: saber quando é hora de executar     98

    Evitar a mágoa: como demitir alguém sem destruir seu amor-próprio     99

    Quando há mais de uma vítima: conduzindo demissões     103

    Cuidando dos sobreviventes     104

## APÊNDICE
## Modelo de descrição do cargo     107

## Bibliografia     109

## CAPÍTULO 6
## Lidando com funcionários difíceis — 63
*Estratégias para se manter são em épocas insanas* — 63
   Funcionários nocivos — 63
   Meu funcionário está atravessando um período difícil: evite a mudança de gerente para terapeuta — 65
   Adoce o ânimo do funcionário — 66
   Recursos que você pode usar para reduzir conflitos — 66
   Esse casamento pode ser salvo? — 69

## CAPÍTULO 7
## Você deveria se preocupar se seus funcionários gostam de você? — 75
*Criar um ambiente de trabalho respeitoso* — 75
   Amigos de faculdade, em vez de subordinados — 75
   Comunicação *versus* comiseração — 76
   Deixar-se levar pela correnteza mesmo quando a empresa estiver indo em direção a uma catarata — 76
   Melhores amigos para sempre — 77
   Fuga: você está fazendo o trabalho do seu funcionário porque não quer confronto? — 78
   Com o devido respeito: crie um ambiente de trabalho onde as pessoas se sintam valorizadas — 78

## CAPÍTULO 8
## Gestão de desempenho — 83
*Eu realmente tenho de fazer isso?* — 83
   O ciclo da gestão de desempenho — 84
   Crie expectativas — 84
   Elabore metas e objetivos — 86
   Feedback contínuo — 87
   A avaliação de desempenho — 87
   Supere a ansiedade da gestão de desempenho — 87
   Por que a autoavaliação é sua amiga: evite o terrível olhar de surpresa ao realizar avaliações — 90

| | |
|---|---|
| Os jovens, os agitados e os desmotivados | 22 |
| Restabelecer a ligação com os moderadamente desengajados | 23 |
| Danos irreparáveis | 24 |

## CAPÍTULO 3
## Adquirir talento — 29

| | |
|---|---|
| Contratação | 30 |
| Argumento a favor de contratar pelo talento, não pelas habilidades | 33 |
| Mudança de comportamento | 35 |

## CAPÍTULO 4
## O que você quer que eu faça? — 39
*A arte de influenciar seus colaboradores para conseguir o que você precisa* — 39

| | |
|---|---|
| Criar um ambiente em que "visão compartilhada" é mais do que um mantra | 40 |
| Construir credibilidade | 41 |
| Criar confiança | 43 |
| Restabelecer a confiança | 45 |

## CAPÍTULO 5
## Integração de gerações — 51
*Aproveitar as diferenças no ambiente de trabalho para criar oportunidades* — 51

| | |
|---|---|
| Conheça as gerações | 52 |
| Mudança sísmica: o impacto do perfil demográfico em transformação sobre o ambiente de trabalho | 54 |
| Quebrar mitos comuns associados às gerações | 56 |
| Motivar seus trabalhadores maduros | 58 |
| Socorro! Meu funcionário está me tratando como se eu fosse filho dele! | 59 |
| Desencadear o potencial de trabalhadores mais jovens | 59 |

# Sumário

| | |
|---|---|
| **Como ler este livro** | iii |
| **Introdução** | ix |

CAPÍTULO 1
### Bem-vindo à gerência — 1
*O que faço agora?* — 1
    Alçado à gerência — 2
    Os primeiros 90 dias — 3
    Como construir relacionamentos produtivos — 3
    Estabelecer credibilidade — 7
    Gerar credibilidade — 8
    Autoavaliação de relacionamentos produtivos — 10

CAPÍTULO 2
### De "eu" para "nós" — 15
*Não se trata realmente de você!* — 15
    Por que envolver seus funcionários? — 15
    Confrontando a realidade — 18
    Caminho para o engajamento — 19
    Maneiras pelas quais você pode influenciar o engajamento de funcionários — 20

Haverá dias em que você se sentirá como se estivesse surfando na crista de uma onda e outros dias em que talvez se sinta como se a próxima onda fosse lhe dar um caldo. Não se desespere. Folheie esta parte do livro e lembre-se: com prática e determinação, você consegue.

Agora, aguarde. Vai ser uma viagem muito agradável!

# Como ler este livro

> *Depois de recapitular e praticar o que precisa fazer para **gerenciar para baixo**, vire o livro e revise o que deve fazer para continuar a **gerenciar para cima** com sucesso.*

Por que é que tantas pessoas acreditam que todos devem passar pela mesma velha escola da vida que elas passaram? Isso é comum na área de medicina, em que jovens médicos internos estão sujeitos ao mesmo estresse que seus mentores sofreram, porque isso é visto como rito de passagem. Também vemos isso na gerência, em que pessoas de todas as idades são colocadas em suas cadeiras e devem saber exatamente o que fazer por osmose. Estou aqui para lhes dizer que o rito de passagem é errado, e estou fazendo algo a respeito.

Dediquei uma parte a *gerenciar para baixo* porque creio que quase todas as pessoas que assumem as responsabilidades de gerência *realmente* querem e são capazes de fazer um bom trabalho, com a orientação devida. O problema é que, neste mundo de ritmo acelerado, ninguém tem tempo para explicar como se faz um trabalho. Portanto, você precisa assumir o controle e aprender a se tornar um gerente eficaz por conta própria, a fim de prosperar no mundo empresarial.

A gerência não é para pessoas sensíveis nem para aquelas que acreditam que, se você quer algo benfeito, deve fazê-lo você mesmo. De modo ideal, destina-se àqueles que estão empenhados em ajudar outros a ter êxito. Requer paciência, interesse e, certamente, como você verá, um bom senso de humor.

Do original: *Suddenly in Charge*
Tradução autorizada do idioma inglês da edição publicada por Nicholas Brealey Publishing
Copyright © 2011, by Roberta Chinsky Matuson

© 2011, Elsevier Editora Ltda.

Todos os direitos reservados e protegidos pela Lei nº 9.610, de 19/02/1998.
Nenhuma parte deste livro, sem autorização prévia por escrito da editora, poderá ser reproduzida ou transmitida sejam quais forem os meios empregados: eletrônicos, mecânicos, fotográficos, gravação ou quaisquer outros.

*Copidesque:* Ivone Teixeira
*Revisão:* Jayme Teotônio Borges Luiz e Cynthia Gaudard
*Editoração Eletrônica:* Estúdio Castellani

Elsevier Editora Ltda.
Conhecimento sem Fronteiras
Rua Sete de Setembro, 111 – 16º andar
20050-006 – Centro – Rio de Janeiro – RJ – Brasil

Rua Quintana, 753 – 8º andar
04569-011 – Brooklin – São Paulo – SP – Brasil

Serviço de Atendimento ao Cliente
0800-0265340
sac@elsevier.com.br

ISBN 978-85-352-4771-8
Edição original: ISBN: 978-1-85788-561-3

**Nota:** Muito zelo e técnica foram empregados na edição desta obra. No entanto, podem ocorrer erros de digitação, impressão ou dúvida conceitual. Em qualquer das hipóteses, solicitamos a comunicação ao nosso Serviço de Atendimento ao Cliente, para que possamos esclarecer ou encaminhar a questão.

Nem a editora nem o autor assumem qualquer responsabilidade por eventuais danos ou perdas a pessoas ou bens, originados do uso desta publicação.

CIP-Brasil. Catalogação-na-fonte
Sindicato Nacional dos Editores de Livros, RJ

M397d
Matuson, Roberta Chinsky
De repente, no comando! : aprenda a trazer melhores resultados como gerente e como subordinardo / Roberta Chinsky Matuson ; tradução Thereza Ferreira Fonseca. – Rio de Janeiro : Elsevier, 2011.
23 cm

Tradução de: Suddenly in charge
ISBN 978-85-352-4771-8

1. Profissões – Desenvolvimento. 2. Liderança. I. Título.

11-3933.
CDD: 650.14
CDU: 331.548

Preencha a **ficha de cadastro** no final deste livro
e receba gratuitamente informações
sobre os lançamentos e as promoções da Elsevier.

Consulte também nosso catálogo completo,
últimos lançamentos e serviços exclusivos no site
www.elsevier.com.br

O GUIA DO NOVO GERENTE PARA
BRILHAR DESDE O PRIMEIRO DIA

SURPREENDA-SE
E VIRE O LIVRO

# De repente, no comando!

Aprenda a trazer melhores
resultados como gerente
e como subordinado

ROBERTA CHINSKY MATUSON

ELSEVIER

Tradução
Thereza Ferreira Fonseca

CAMPUS